# 重塑往昔

# 往昔

Concepts and
Methods
on Archaeology of Art

RECARVING
THE
PAST

## 艺术考古的观念与方法

练春海————著

社会科学文献出版社
SOCIAL SCIENCES ACADEMIC PRESS (CHINA)

# 代序　时尚的冷板凳

近年来，艺术考古似乎成了一个时尚，各种有关的书籍、会议、讲座、论坛比比皆是，与持续升温的国学热、如火如荼的物质／非物质文化遗产保护热以及各地涌现的推动"一带一路"建设的学术热都有关联。所以，不论是社会热点所带来的连锁反应，还是中国文化事业发展的大势所趋，艺术考古实际上是一个可以辐射多个文化领域的学术话题。

当我们抽身旁观，反思这个处于旋涡中心的高冷学科，会发现事实上这股热潮来得并不是毫无根据，不是一堆好事者盲目推动的结果，它的形成其实有一个复杂的过程。认真思考起来，至少有三点可以帮助我们去理解何以这个文化现象持续发酵。

一是艺术考古可以使我们与过去的联系更紧密。艺术考古是了解人类悠久文明发展史的利器，可以把古代文明发展过程中的鲜活细节呈现给人们，让人们重温历史的波澜壮阔。今天我们讨论民族问题、社会现象、文化变迁等，都是基于我们对自身所处文明的认识状况和把握程度，如果不能对自身所处的文明进行准确的形式判断，那么我们将很难在世界民族之林找到正确的坐标，自然也就无从讨论如何处理历史遗留问题、协商共同发展的大计。

古代遗留下来的文化，有一部分尚以"活态"的形式存在于人们生活的周遭。其中，人们世代相传的各种传统文化表现形式、实物和场所，被称为非物质文化遗产；而那些具有突出文化价值的建筑物（或遗址）、碑刻，以及具有重要历史、艺术或相关学科价值的墓葬、洞窟等人类工程或自然与人类工程的结合体则被称为物质文化遗产。对艺术考古的追捧无疑与文化遗产保护有密切的关系，物质文化遗产因其所具有的物质特性和文化特性受到人们的关注非常正常，然而，为什么非物质文化遗产保护也会让艺术考古"发烧"并持续升温呢？实际上这涉及我们怎么去看待"非物质文化遗产"的问题。从概念上讲，无论是"非物质"文化，还是非"物质文化"，"非物质文化"的重心都在"文化"上。可是我们在讨论"非物质文化遗产"的时候，大多数情况下是把落脚点放在物质上，此时的"物质"实际上是文化的"载体"。所以，做好非物质文化遗产保护，很重要的一项任务是做好物质文化遗产保护，研究有形的遗产。再加上我们一贯比较重视的物质文化遗产保护机构与机制，因此必然会为艺术考古热的盛行添薪加火。

二是艺术考古可以为当代中国经济、文化的发展提供资源。如何创造今日的辉煌，很重要的一项工作是总结昨天的经验与教训。我们所谓的文化传承，就是要把文化传统之火炬传递下去，为此要做的一项基本工作就是把已有文化实践中被证实为成功的经验提取出来，对其加以利用并发扬光大。具体来说，既要利用现有的文化遗产来丰富人们日益多元的文化需求，也要通过向传统学习，把文化创意产业与古代文化遗产结合起来，培育出具有深厚底蕴的当代中国文化。

艺术考古与考古不一样，考古重在解决出土文物的定性问题，通过研究确定它在历史时空中的位置，而艺术考古则更强调发掘隐藏在文物遗存背后的历史与文化讯息，既可以为当下提供很多文化资源，也可以直接转化为可利用的学术资源，进而弥补中国传统艺术史、文化史研究的不足。20世纪50年代，学界把中国艺术史专业安排在了专业院校，这种错位实际导致了艺术史研究在事实上的阙如，很多考古发掘出来的材料不能够得到有效的阐释，关于材料背后的文化历史信息未能得到深入的讨论，而这一点对于发掘传统文化的现实意义又非常重要。以影视业为例，斯蒂芬·索莫斯（Stephen Sommers）导演的《木乃伊归来》（*The Mummy Returns*）这样的经典影视作品，就大量地吸收了古埃及文化研究成果。国内的影视业这几年在这一方面也有了长足的进展，比如电视剧《汉武大帝》就邀请了历史学家王子今担任学术顾问并负责审片，虽然剧中实际还有不少篡改、拼接的痕迹，但在整体的道具风格、艺术语言上，还是能够看出剧组为还原秦汉时期的历史原境所做的努力。电视剧《芈月传》的剧组为了还原历史，还特意考证了秦代的染色水平，证明当时的染色水平很高，人们已经能够染出各种鲜艳的颜色，只是要将颜色固定比较困难而已。艺术考古的现实价值不仅体现在娱乐业，在其他产业（如文创产业）上也同样有所体现，很多人文景观中的旅游礼品（尽管不尽人意）实际上都与之相关。

三是艺术考古为未来提供鉴照。世界上各大文明的发展此起彼伏，相互影响。艺术考古可以为人们判断未来全球文明的发展、演变趋势提供有价值的历史参照。以"一带一路"建设为例，这项以构建我国与世界各国全面合作新格局为目标的决策，本身就反映了历史（古代世界横跨亚欧的丝绸之路）与当下的关系。在铺设这样一条具有深厚历史积淀的丝绸之路，以及未来充分发挥这条道路的价值、造福沿线国家与民族的过程中，仍有许多具体的环节需要进行论证，而艺术考古研究就是一个不可或缺的重要途径和方法。

近年来，艺术考古吸收了人类学、艺术史、考古学、历史学、文献学等学科的最新研究成果，在对已有发掘材料进行诠释与辨析的基础上，将相关学科的知识融会贯通、推陈出新，从而帮助我们更加全面、立体地了解中国古代的文化，对传世文献中的叙述、立论有一个更加客观的认识。众所周知，传世的古代文献纵然有些是由像司马迁这类"秉笔直书"的史官、学者所编撰，但是在大多数情况下，中国古代典籍可能挟带着"为尊者讳，为亲者讳，为贤者讳"的著述传统，或者存在出于各种目的而进行的篡改和删削，以及层累的误差，造成我们所面对的历史早已面目全非的事实。而艺术考古则具有对历史叙事进行纠偏的功能，通过对地下出土文物的考察、研判，重新评估传世史料的价值，在双重证据或多重证据的基础上，从史料中剥离出更加接近事实的精髓。以汉代出土字砖为例，金石学的发展使得墓葬出土字砖在宋代开始为人们所关注。洪适的《隶续》收录了东汉永初、建初等年代的字砖拓片五件，赵明诚的《金石录》亦收录字砖材料。清代乾嘉学派产生以后，汉代砖文书法更是引起了研究者、书法家的重视，出现了大量的著录，有些爱好者、研习者及研究者甚至言必称"秦砖汉瓦"。但是我们如果将海昏侯墓出土简牍上所书的文字与之对比，就会发现后者大多数都谈不上"刀法"和"美感"，毕竟它们的创作主体是文化水平和素养在当时都比较低的工匠。因此，如果不跳出金石学的框架，仅依靠汉代出土的碑刻、字砖、瓦当，而不参考简牍、帛书、甲骨、封泥、兵器等资料来考察秦汉时期的书写水平，那么这样的研究是很不科学的。相比之下，艺术考古研究以古物为原料、以当下为契机、以未来为导向，全面激活中国文化发展脉络中的节点（遗址、文物等）、路线（文化发展规律）、断面（文化带、文化走廊等）的参考价值与借鉴作用，由它所带来的古物新知正通过"一带一路"和孔子学院等渠道，把亚洲、欧洲和非洲等古代世界的文化长廊串联起来，为更加全面、立体地诠释世界文化生态的健康发展做了一个很好的注脚。

　　文化热固然是好事，但是这样的热能够持续多久？作为专业从事考古、艺术、历史研究的学者，应当从文化热中抽身而出，回到艺术考古研究中更为本质的理论与方法的建构上，回到把"冷板凳"坐足，把纯学理厘清这样的一个思想准备中去，这种态度至关重要。只有如此，一种文化才能持久地散发热辐射，为世界文化的发展提供充足的原动力，而这也正是本书所要努力实现的目标。本书既是对艺术考古热的一种回应，也是对这种现象的一种冷思考。

# 目　录

# 导　论

　　"艺术考古"这个概念最早出现在德文文献中，然后出现在日文文献中，但是直到中文的形式出现之后，它才由不确定的悬浮状态转入具有实质意义的状态，由一个连"替代说法"都算不上的词语"软着陆"，变成一个具有实在意义的专业术语，甚至成为一个子学科。正因为这样，艺术考古的发展历史虽然可以追溯到一个世纪以前（如《美术考古一世纪》《美术考古半世纪》[①] 等回顾性和综述性著作的书名所显示的那样），但对这个概念进行反思和系统研究大概在 30 年前才开始，可以说是一个目前正在进行中的工作。因此，我们在梳理与其相关的文献时，从最基本的术语到系统的研究方法，都不可避免地会遇到各种有争议的问题。

---

[①]　参见〔德〕米海里司《美术考古一世纪》，郭沫若译，上海书店出版社，1998；杨泓《美术考古半世纪——中国美术考古发现史》，文物出版社，1997。

　　"艺术考古"是人文学科文献中常常出现且令人感到困惑的术语之一，相似的术语还有"美术考古"和"考古艺术"，这些术语之间有什么关系，或者它们之间有什么区别？遍查有关的研究文章，对于这个问题没有一个说得明白。原因在于两点：一是因为这几个概念不是同时出现的，所以，早期的讨论不会涉及后出现的概念；二是因为有些学者在编辑或撰写相关文章、文集时，使用概念的随意性较大，既不做文献追溯，也不交代术语的意涵，更别说厘清定义了。为了使本书的展开有一个比较扎实的基础，我们姑且在开篇之际做一个力所能及的、简要的梳理。

　　先从"考古艺术"说起。"考古艺术"其实是一个比较小众的说法，有案可稽的是 1978 年香港中文大学创立的"中国考古艺术研究中心"，其英文名为 Centre for Chinese Archaeology and Art，简写为 CCAA。从该中心网站主页的介绍来看，"考古艺术"研究的学术基础和工作重心仍是考古学。[①]实际上，其英文名"Archaeology and Art"应当译为"考古与艺术"，[②]表达了具有平行关系的两个并列概念，表明构成词组的两个部分具有同等的权重，这与"考古艺术"很不一样，后者实际上是一种对"考古"不太严谨的表达，因此并没有提出新的研究方法论视角。

　　至于"艺术考古"与"美术考古"，这两个概念比较常见，但在具体的阐释上会有一些差别。这两种略有差异的概念的出现，与翻译过程中不同语言的语汇难免存在不能完全对应的现象有一定关系，正如美术

---

① 参见该中心网站，http://www.cuhk.edu.hk/ics/ccaa/intro.htm。

② 国内外都可以见到一批以这种方式命名的大学或博物馆，比如在国外，美国普林斯顿大学设有艺术与考古系，法国巴黎大学设有艺术与考古学院；在国内，浙江大学设立了艺术与考古博物馆，南京大学、吉林大学都设有考古与艺术博物馆，北京大学有赛克勒考古与艺术博物馆。Archaeology and Art 有时也写成 Art and Archaeology，顺序不一样，意义却完全一样。另外，国家教委在对外正式的翻译中，也把艺术考古学译成 Art and Archaeology。

史与艺术史这对术语一样，在一些理论家看来，它们是完全可以互换的，而在另一些理论家看来，它们是一对可以共存并有"泛指"与"特指"之别的术语。[①]他们把"美术考古"与"艺术考古"之间的区别界定为"美术"与"艺术"的区别，认为美术考古的研究对象是"田野调查和发掘提供的古代美术品"，而这些众多"实用与审美相结合的古代工艺美术品"，诸如陶器、玉器、青铜器、漆器、瓷器、金银器等，却不是艺术考古所能涵盖的。[②]这种说法很不确切，因为美术品其实可以涵盖工艺美术品，而考古发掘和出土的早期"美术品"，实际上也都是"工艺美术品"，比如画像砖、画像石等。这些理论家自始至终都未能摆脱审美的局限，认为无论是"美术考古学"还是"艺术考古学"，都要具有"美学特征"，一旦遇到"未见任何的艺术装饰，造型也不美观"的骨笛、陶埙、骨哨，就不知所措，说这是"美术（艺术）考古学面对的尴尬"，而从下文的讨论中我们将知道所谓的"艺术考古学"基本与审美无涉。[③]

　　实际上，"美术"与"艺术"这两个词在中国艺术理论中被使用得比较混乱。"美术"一词，即英语中的 fine art，原指优美或纯粹之艺术，

---

① 熊永强：《试谈中国美术考古学——兼与〈中国艺术考古学的奠基〉作者商榷》，《四川文物》2005 年第 1 期，第 77~82 页。也有少数学者把"美术考古"与"艺术考古"视为不同历史发展阶段的产物，参见孙长初《"美术考古学"与"艺术考古学"辨析》，《南京艺术学院学报》（美术与设计版）2007 年第 3 期，第 125~128 页。

② 孙长初：《"美术考古学"与"艺术考古学"辨析》，《南京艺术学院学报》（美术与设计版）2007 年第 3 期。

③ 黄翠梅认为，艺术考古学如果"回避审美问题"，则丧失了它的存在价值。参见黄翠梅《变动中的疆界——艺术史与考古学学科的对话》，载林保尧主编《美术考古与文化资产——以台湾地区学者的论述为中心》，上海大学出版社，2008，第 23 页。

在 20 世纪初西学东渐时由王国维从日本引入。[①] 在鲁迅、蔡元培等人的文章里，这个词展现了广泛的包容性，可以囊括宫观（建筑）、雕刻、图画、诗歌、音乐，[②] 甚至文章等形式，[③] 而不仅限于英语 fine art 所能指涉的范围，其意义与今天在国内通用的"艺术"一词较为相近。但随着时间的流逝，"美术"这个术语在中文语境中所能指称的范围被大幅度压缩，目前大致等同于"视觉艺术"这个概念。相比之下，"艺术"这个词所能涵盖的内容则要丰富得多。从中西方的源头来看，中国自古以来就有"六艺"之说，包括"礼、乐、射、御、书、术"；而在古代西方也有所谓的"七艺"之说，包括"逻辑、语法、修辞、数学、几何、天文、音乐"。从古代到现代，艺术的概念其实也发生了很大的变化。尽管如此，其"包罗万象"的特点却大体不变。今天我们所熟知的"艺术"一词，其实是通过日本学界对西方"art"一词转译而来的。日本人喜欢用双音节词，经他们转译后，"art"被译成"艺术"，[④] 但 art 的原始语意中包含了一切具有手工特征的技艺（相当于中国古代的"艺"），诸如种植、修造、雕刻、绘画、编织、医术等均入其列。转译后的"艺术"在指涉能力上出现了偏移，但基本保留了"art"这个概念具有强大包容性的特点。西方学者所讨论的传统艺术，往往都是需要大量手工加工的艺术形态，例如雕刻、绘画（毫无疑问，它们的丰富性与精彩性较

① 确切地说，"美术"与"艺术"这两个概念都是 1902 年王国维在翻译桑木严翼《哲学概论》、牧濑五一郎《教育学教科书》时引进的。参见王琢《从"美术"到"艺术"——中日艺术概念的形成》，《文艺研究》2008 年第 7 期，第 44~49 页。

② 参见王国维《孔子之美育主义》，载姚淦铭、王燕编《王国维文集》第 3 卷，中国文史出版社，1997，第 156 页。

③ 鲁迅：《拟播布美术意见书》，载《鲁迅全集》第 8 卷，人民文学出版社，2005，第 50 页。

④ 日本学界对"艺术"一词的译法，早期也非常不稳定，明治之后才逐渐稳定下来。参见王琢《从"美术"到"艺术"——中日艺术概念的形成》，《文艺研究》2008 年第 7 期。

于其他艺术类型更易成为讨论的中心），如此一来，讨论艺术其实主要就是在讨论视觉艺术或美术，我们不妨将其称为"狭义的艺术"。

尽管"艺术考古"与"美术考古"在实际应用时差别并不显著，但二者所代表的意义却不尽相同。理由有两点：第一，"美"或者"美术"在当代的艺术理论语境中比较容易引起误会，因此巫鸿就索性将 fine art 称为精英艺术，[1]认为它是一种"并不纯粹"的艺术形式；第二，在现代艺术的语境下，各种艺术形式（包括美术）都有边界扩大并借鉴、吸收或融合其他艺术形式的发展趋势，这种趋势使得原来的术语已经不能够恰当地概括具体门类艺术的全部内涵，于是包容性更大的"艺术"概念成为某种替代用语，"艺术考古"相对于"美术考古"来说，也是在同种发展态势下更具合理性的替代用语，具有更大的包容性。[2]因此，为了便于讨论，在后面的行文中，除引文和为了衔接上下文而特别强调之处以外，凡"美术／美术考古"笔者均统一使用"艺术／艺术考古"这个概念来替代。[3]

虽然很多研究者都在讨论艺术考古，但很多时候，他们说的并不是同一个对象。因此有必要交代一下笔者所谓的艺术考古与考古学框架下的艺术类专门分支的关系。显然，考古学是一个覆盖范围很广的学科，

---

① 巫鸿：《并不纯粹的"美术"》，《读书》2006 年第 3 期，第 34~38 页。

② 20 世纪 60 年代以来，西方美术史界存在一种说法，即认为美术的内涵扩大了，它甚至可以囊括"所有的人造物"，而不仅仅是美丽和富有诗意的东西。参见 George Kubler, *The Shape of Time: Remarks on the History of Things*, New Haven and London: Yale University Press, 1962, p.1。

③ 值得一提的是，虽然孙长初也建议在当前形势下，用"艺术考古学"替代"美术考古学""更契合学科发展的实际，更加名副其实"，但对于其背后的逻辑笔者却不敢苟同。孙长初以"艺术学"已然成为一门独立学科这个事实为依据，推导出"美术考古学"也应该升格为"艺术考古学"，逻辑较为牵强。参见孙长初《中国艺术考古学理论的再思考》，《东南大学学报》（哲学社会科学版）2007 年第 4 期，第 99~103 页。

从纵向维度来讲，从史前一直到明清以降，对地下文物的科学出土和发掘都是考古研究的范畴，凡是湮没于历史长河中的事物都可能是它的潜在研究对象。从横向维度来讲，有田野考古、室内考古、水下考古、实验考古之分，还有各种特殊考古，比如古生物考古、农业考古、天文考古、建筑考古等，按照这个逻辑推演下去，是否存在艺术领域的考古分支呢？当然这是肯定的，目前在考古学下单列的特殊考古门类中其实就有艺术考古（A）这个子项。那么，艺术考古（A）与时下比较热门的艺术考古（B）有何区别与联系呢？不言而喻，艺术考古（A）与艺术考古（B）所关心的材料就算不是完全重合，但也大体一致。艺术考古（A）关心的是材料的年代、等级问题，而艺术考古（B）——从目前占主流的观念来看——还会从审美的角度和风格的角度去分析材料。从某种意义上来说，刘凤君所提到的"美术考古学"更接近于考古学的分支，正如他不断地强调"美术考古学"研究中地层学与类型学方法的重要性一样，但是真正从事艺术考古研究的学者，实际上很少有机会参与到考古发掘的实践中，因此对于地层学与类型学研究方法的利用，大概只能落实到使用考古发掘者所提供的材料作后期研究。①

从学术史的角度来看，艺术考古的发展经历了三个阶段。在第一个阶段，"艺术考古"作为"考古"的同义词出现在德国学者的论著中。但是在这个阶段，它最多只是被当成"考古"这个概念的替代说法，降低词语重复出现的频率，正如米海里司在原序里所说的："'考古学'的名称在这儿是'美术考古学'。"②因此，即便是作者也没在意它与"考古"

---

① 刘凤君：《美术考古学导论》，山东大学出版社，1995，第 15 页。
② 〔德〕米海里司：《美术考古一世纪》，第 1 页。

有何微妙的区别，遑论进一步从学理上去界定它。之所以会出现这种情况，或许是因为在出土文物中，那些工艺复杂、制作精美的器物总是格外引人注目，而学者在讨论或研究古代艺术和文化时，也有意无意地倾向于利用这类具有较高辨识度的材料。[①] 在第二个阶段，"艺术考古"出现在日本学者的著作之中，这个阶段它大概相当于"艺术史"这个概念，但是因为艺术史这个学科在日本的发展状况与欧洲比较相似，"艺术考古"这个概念显得有点重复和多余，所以在这个阶段艺术考古也没有什么发展。在第三个阶段，亦即进入中国以后，经过 20 世纪 80 年代以来的发展，艺术考古终于摆脱作为"考古""艺术史"的同义词而没有实质内涵的命运，逐渐落地生根。自从滕固等学者将考古学的实践引入艺术史，便开启了艺术考古的学科建构历程，如今它已经初具规模，其方法论、研究对象、研究范围等都越来越清晰。此外，还有一点也值得一提，在海外中国传统艺术的研究中，古代书画研究曾经占有极其重要的地位，出现了包括方闻、高居翰（James Cahill）、迈克尔·苏立文（Michael Sullivan）、喜龙仁（Osvald Siren）、包华石（Martin Powers）等一批较有影响的国际学者，取得了累累的硕果，但是最近几年情况有所转变：一方面，关于中国古代书画的研究热出现了明显的下降趋势，比较有代表性的数据也反映了有关学术论文发表数量呈持续下降的特点；另一方面，转向研究中国古代器物文化的学者人数逐渐增加。这些转变发生的原因，既有传统书画研究人才培养力量不足的一面，比如在当代欧美社会，传统书画的教育培养机构缺乏一个世纪以前那样的优良条件，也有西方学者关注点转移的一面，新一代的研究者更关注对出土中

---

① 孙健：《美国学术界中国古代书画研究的现状及趋势》，《美术观察》2017 年第 8 期，第 4~6 页。

国古代文物而不是传统书画的阐释。当然，就在若干年前，还有学者提出，艺术考古学还不成熟，尚处于草创阶段，缺少成熟的理论和学术方法。① 这表明艺术考古这门新兴学科，仍处于快速发展之中。

纵观已有的学术研究，我们发现很多研究者不是把考古学发展的历程复制过来，作为中国艺术考古学发展的履历，就是依据年代顺序，把历代精美的考古发掘材料罗列、铺陈一遍。这样的做法其实是对艺术考古这个学科的本质把握出现偏差的结果。而要了解艺术考古学的学科本质，就要从了解与之相关的学科开始。

---

① 刘天祺：《美术考古学的"热"与"冷"》，《美术观察》2011 年第 6 期，第 29 页。

# 第一章

# 艺术考古与相关学科

在中国的学科体系中，艺术考古学是一个年轻的学科，它与艺术史、考古学、历史学，甚至人类学等学科都有密切的联系。因此只有了解艺术考古与相关学科的关系，我们才能更加明确这个学科的性质和研究对象，并进一步探索可行的研究方法。在探讨艺术考古与相关学科的关系前，我们得先讨论艺术史与相关学科的关系，尤其是艺术史与考古学的关系。这不仅是因为"艺术考古"包含了"艺术"与"考古"这两个关键词，更因为艺术考古与艺术史关系甚深，而艺术史与考古学又是共生学科。

# 一　共生学科

"无论是作为一门单独学科的艺术史，还是作为人文科学之一的考古学，其学术研究体系皆可以追溯至温克尔曼。"[①]换言之，德国学者温克尔曼（Johann Joachim Winckelmann，见图 1-1）是公认的艺术史之父与现代考古学先驱，因为这层关系，艺术史和考古学天然地有许多共

---

① Johann Joachim Winckelmann, EB Online, http://academic.eb.com.

图 1-1　温克尔曼画像

通之处。比如，研究对象基本一致，都是古代物质文化遗产；均属于哲学与历史学下面的二级学科[①]；甚至在很长的一段时间内，两个学科的研究主体基本上都是同一群人。直到考古学逐渐发展出地层学与类型学等专门的方法论，并以科学的、系统的发掘为基础，展开对古物历史的追踪，这才显出与艺术史分道扬镳的趋势。考古学与艺术史的研究工作分别覆盖了古代物质遗存的发掘整理与后续研究这两个先后承接的学术领域。[②]

　　说到中国考古学的发展，有人认为可以追溯到北宋中叶出现的金石学，最初局限于青铜彝器与石刻，如吕大临《考古图》（见图 1-2）就仅仅著录公私收藏的古代铜器与玉器。晚至清末，金石学的范围得以拓

----

[①] 这里指的是在西方学科体系框架内以及民国时期的情况。新中国成立以后，中国各学科的发展有了新的变化，下文还会专门谈到。

[②] 也有学者认为考古学、艺术史的学科区别在于价值取向的不同，即考古学倾向于历史性，而艺术史倾向于审美性。笔者认为这种观点是受中国艺术史发展现状的影响，是从结果逆推原因，具有局限性。参见黄厚明、杭春晓《滕固与中国美术考古学的现代转型》，《美术观察》2005 年第 2 期，第 94~96 页。

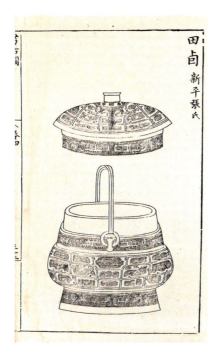

图 1-2 （宋）吕大临《考古图》内页

展，碑刻、造像、画像石、墓志、题铭等均相继被纳入其中。但是罗振玉并不赞成这个说法，而是建议以"古器物学"[1]这个新概念取而代之。所以从严格的意义上讲，中国的考古学，也被称为近代考古学，它的概念是 20 世纪初通过俞剑华翻译日本考古学家滨田耕作（1881~1938）的论著《通论考古学》时输入的。[2]中国的考古学起步比较晚，但是后来发展得比较快，甚至有迎头赶上之势。1948 年，中研院曾设立"考古与艺术史"院士席位，并正式选举了郭沫若、李济、董作宾、梁思成、梁思永等学者为院士（见图1-3），[3]可见在那个时期中国的考古与艺术史的发展与世界其他地区是基本同步的。

当代世界大学的学科设置也反映了艺术史与考古学这两个学

---

① "古器物学"简称"器物学"，相关的研究参见王正华《罗振玉的收藏与出版："器物"、"器物学"在民国初年的成立》，载朱渊清主编《器物学与艺术史》，中西书局，2019，第1~31页。

② 该书出版于 1922 年，中文全译本于 1931 年出版。参见〔日〕滨田耕作《通论考古学》，岩波书店，2016，第 5 页。

③ 罗丰：《夏鼐与中央研究院第一届院士选举》，《考古与文物》2004 年第 1 期，第84~89页。

图 1-3　1948 年中研院部分首届院士合影

科的紧密关系。一般情况下，很多重要的大学都
设立了独立的艺术史专业、考古学专业及相关院
系，甚至有些大学直接将二者设置在一起，将有
关的研究与教学归入"艺术史与考古学研究"这
个复合的学术框架下进行，有意地强调两个学科
的并列状态，曹意强依此将二者命名为"共生学
科"，认为在学术史上发生的多次争辩反映了二者
具有"对抗"的性质。① 夏鼐对考古学与艺术史之

① 曹意强:《考古学与艺术史: 两个共生的学科》,《美术研究》2009
年第 1 期, 第 11~13 页。

间的差异曾做过较为精辟的描述："考古学研究的主要对象便是这些具有社会性的实物，是器物的整个一类型，而不是孤立的单独的一个实物。后者是古董，而不是考古学研究的科学标本。便是有突出的美术价值的，那也是美术史研究的好标本，是代表某一个人的艺术天才，而考古学要研究的是一个社会或一个考古学文化的特征和传统，而不是某一个人的创作。这是美术考古学和美术史的区别，二者的着重点不同。"①

这对所谓的共生学科在国内外的发展历程并不一样。考古学虽然起步晚，但在引入国内之后则迎头赶上，后来的发展与西方的同期状况比较接近，但艺术史的发展在中国则有些特殊。新中国成立以后，艺术史并没有像考古学一样，沿着民国时期奠定的模式与格局发展下去，而是经历了较大的路线调整，最终形成了现在我们所能看到的尴尬局面。

在国内大学学科建制体系中，艺术史普遍被设置在以培养实践类的艺术创作人才为主的专业院校内，成为各种艺术实践专业的基础课程，是一个辅助性的课程。而在西方，艺术史通常被设置在综合性大学内（如哥伦比亚大学、耶鲁大学、波士顿大学、哈佛大学、海德堡大学、索邦大学、牛津大学、剑桥大学、斯坦福大学等都单独设立艺术史系，系里有十几到几十个不等的专职教授，阵容强大），是一个有着重要地位的人文学科，同样的情况在中国的综合性大学内却屈指可数，在这为数不多的几个综合性大学的艺术史系，实际上艺术史还有沦为"艺

① 夏鼐:《什么是考古学》，载杨楠编《考古学读本》，北京大学出版社，2006，第360~369页。

术学"的危险。[①] 艺术史学科在中国的发展轨迹与西方同类学科的不同可以追溯到 1950 年代讨论在高校设立艺术史专业的问题的时候。当时，翦伯赞希望将该专业设在北京大学历史系，但徐悲鸿坚持将它设在中央美术学院，[②] 这种做法参照了苏联列宾美术学院美术史系的建制，在不少人看来，设在美术学院可以加深美术史专业的师生与艺术家之间的交流。此举决定了艺术史这个学科在中国的发展，后来很多美术类院校也纷纷效仿，设立了艺术史系。在西方，艺术史学科是一个典型的人文学科，与人类学、历史学、考古学等学科都有紧密的联系，所以通常设在综合院校。但是中国的美术院校，以造型艺术的专业技能训练为主，在学术资源与人文环境上显然都不能与综合院校相提并论，因此厕身其间的艺术史也难以与相关学科进行交流。而且长期以来，艺术史一直是辅助性的学科，在美术院校中处于从属地位，在学科发展的层级、学术资源、人才的配置上都受到很多制约。这种方式所培养出来的最多是艺术专家，而不是艺术史家。[③] 尽管中国艺术史学界近年来有摆脱以审美、风格探索为主的趋势，但是与其他学科的交流与融合仍然存在问题。所以，在一定的程度上，中国的艺术史学科虽然与考古学"共生"，但却没有共同生长。

---

① 艺术学这门学科通常被认为是研究各种艺术理论和艺术史的学科，但具体的研究对象是什么，其实目前并没有一个较为明确的界定。参见王一川《破解当前中国艺术学的学科性争论》，《中国社会科学评价》2015 年第 3 期，第 39~48 页。

② 参见王红媛《以"世界艺术史"的观念进入研究——对话朱青生》，《美术观察》2017 年第 6 期，第 21~23 页。把艺术史学科设置在美院的提出者为江丰。参见薛永年《美术史研究的三个传统与三个思考》，"美术史在中国——中央美术学院美术史学科创立 60 周年国际学术研讨会暨第 11 届中国高等院校美术史学会年会"会议论文，2017 年 11 月 25~26 日。

③ 二者的区别可参见曹意强《欧美艺术史学史与方法论》，《新美术》2001 年第 1 期，第 27~37 页。

## 二 矛盾调和

在考古学引入中国伊始，中国的学者就开始了这样的工作，他们试图去调和考古学与美术史之间所谓的对抗性。曹意强认为"美术考古学"这个概念是我国学者为调和两个学科的矛盾而引入的，其源头可以追溯到俞剑华所译的《通论考古学》。夏鼐在《什么是考古学》一文中就想弥合这种分裂与对峙，他明确指出，"考古学是属于人文科学中的历史科学，而不属于自然科学。考古学所利用的资料虽然是物质的遗存，但是它所要恢复的古代人类历史是要包括各个方面，不限于物质文化"，还要通过"物质遗存的研究以了解古代社会的结构"以及"美术观念和宗教信仰等精神文化的历史"。[①]之后，这条道路在滕固、岑家梧、刘敦愿等前辈学人的努力下，逐渐形成规模。"美术考古学"（Kunstarchäologie）一词虽然最早出现在德国考古学家米海里司（Adolf Michaelis，1798–1848）的著作《美术考古一世纪》中，但是这个词在其著作中与"考古学"并没有太大的区别，"只是时时言及而已"。维也纳大学德裔教授倪克鲁（Lucas Nickel）博士也认为它只是表达了"关于艺术品的考古"以及"骨头和木头碎片的考古"的意思，在德语中很容易被误解，所以并未被沿用下来。[②]1929 年，郭沫若翻译并出版了该书，书名译为《美术考古学发现史》，该书先后在乐

① 夏鼐:《什么是考古学》，载杨楠编《考古学读本》，北京大学出版社，2006。
② 郑岩:《论"美术考古学"一词的由来》，《美术研究》2010 年第 1 期，第 16~25 页。

群书店（1929，见图1-4）和
湖风书局（1931）两次出版，
1948年再版时改名为《美术考
古一世纪》，虽然使用了"美
术考古"这个概念，但没有做
进一步的阐释。1941年，岑家
梧最早使用了"艺术考古"这
个概念来呼吁艺术史研究者们
应该跳出文献的束缚来研究文
物。①20世纪50年代以来，陆
续有学者以"美术考古"或
"艺术考古"的名义展开有关的
学术研究和讨论，有些学者和机
构还组织人员进行一定范围内的
学术（史）梳理②、研究方法以
及学科体系建构工作的探索③。
其中观点比较鲜明的当属刘凤
君，在他看来，艺术考古是"考

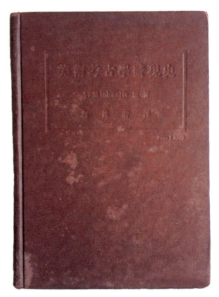

图1-4　郭沫若译《美术考古学发现史》
书影

① 岑家梧:《中国艺术考古学之进展》，载氏著《中国艺术论集》，上海书店，1991，第85~
　　100页。
② 如由阮荣春组织编写的"美术考古学丛书"，编辑出版了《美术考古学学科体系》《美术
　　考古与美术史》《美术考古与宗教美术》《美术考古与艺术美学》《美术考古一万年》《中
　　国美术考古研究现状》《西部美术考古》等10种书，由上海大学出版社于2008年陆续
　　出版。
③ 除了顾平、杭春晓、黄厚明所著的《美术考古学学科体系》（上海大学出版社，2008）之
　　外，还有杨泓、郑岩的《中国美术考古学概论》（中国社会科学出版社，2008）等。

古学中最重要的分支学科之一"，"在（考古学）诸分支学科中，美术考古学产生的最早，是考古学产生的基础之一，它与考古学的密切关系是其它任何分支考古学不能与之相比的"。<sup>①</sup>这里的表述似乎有些矛盾，一边说它是"考古学的分支学科"，一边又说它是"考古学产生的基础"。显然，在刘凤君看来，艺术考古学的发展促进了考古学的发展，但是这个说法有先入为主的意味。众所周知，在艺术史与考古学发展的早期阶段，它们不分彼此，因此还谈不上谁是谁的分支。但从艺术考古学的发展脉络与现状来看，艺术考古学晚于艺术史与考古学是不容置疑的事实。

当然，从中国人文学科发展史的现状来看，艺术史与考古学的调和问题最后是不了了之了。<sup>②</sup>原因有两个：一是出现了前文所提到的那种"共生而不共长"现象，二是艺术学门类的设置和发展终结了艺术史学科在中国发展壮大的可能性。艺术学被正式确立为国家一级学科后，艺术史成为它的一个分支学科，尽管艺术史单列一类，成为艺术学理论子学科的唯一子项，但是它连二级学科的标准都没有达到，<sup>③</sup>这种情况可能与它长期处于美术院校学科体系中的边缘地位有关。而考古学在新中国成立以后随着国家对文物发掘与田野调查重视程度的逐步加深，很早就成为历史学下的一个二级学科，2011 年更是脱离了历史学，成为独立的一级学科。<sup>④</sup>这是 20 世纪 50 年代以来艺术史与考古学在国内发展

① 刘凤君：《美术考古学导论》，第 125~126 页。

② 在这一点上，李杰提出了不同的看法，他认为艺术学学科的确立"触发了关于美术考古学学科定位的讨论"。笔者以为，艺术学学科的建立并未对美术考古学的学科发展产生实际影响。参见李杰《中国美术考古学的风格谱系研究——以中古时期平面图像为中心》，科学出版社，2017，第 2 页。

③ 从艺术学设置的情况来看，艺术史论指的是各种艺术的历史与相关的专业理论，而不是本书讨论时所使用的狭义概念，即欧美通用的艺术史概念。

④ 王巍：《考古学成为一级学科的前前后后》，《中国文物报》2012 年 6 月 15 日。

长期不平衡的结果。当然艺术史与考古学之间本来应有的紧密关联，在中国也随着艺术史被赋予的"角色"与所处的学术"环境"而变得松散起来。

对于那些"不忘初心"的艺术史研究者（包括综合院校专门的造型艺术科研机构以及独立从事研究的艺术史学者），实际上他们的学术追求在某种意义上（与在艺术／美术学院语境中工作的同行相比）显得越来越偏离轨道了，他们研究的不是"艺术的历史"，不那么像（艺术／美术学院同行所熟悉的）"艺术史"，在某种意义上来说，确实如此。因此，这也成为一些学者呼吁加强建设"艺术考古"学科的理由之一。世界上许多著名的艺术史学家同时也是考古学家，但在中国，由于上述两个学科发展不平衡，实际上培养这种精通艺术史和考古学人才的学术土壤并不存在。各地区以及不同行政级别的文博部门与大学的考古文博学院因为存在着师承与人员流动的关系，所以互动、合作紧密，而艺术／美术院系中的艺术史研究人员则隶属于另一个平行系统，与文博系统中的人员之间没有交集。如果有研究者敢于冒天下之大不韪，从文博系统跨入艺术／美术院校的人文院系或艺术史教学与研究部门，他们就成了另类，在考古界同行看来是不务正业，在艺术史领域中又显得特立独行，在某种意义上可以说他们是比较孤独的。当然，随着文化遗产保护热、国学热的兴起，这种情况有所改善，能够同时从事艺术史研究与考古学研究的学者越来越受到追捧。近年来，随着国内外学术交流越来越频繁，国内的文博系统也越来越重视艺术史研究或图像学研究人才的引进，从而对艺术考古学这门学科的发展起到了很好的推动作用。越来越多的院校甚至直接设立了与艺术考古相关的专业。

## 三　根本问题

艺术考古经历了长期的理论建设与发展，已经形成了一个相对完整的学术系统，根据这些基本理论框架与研究方法所形成的学术分类（即学科），学界称之为艺术考古学。它的提出，从源头算起，距今也就一个世纪左右。关于这个概念的诞生，学界一直很有争议，主要聚焦在它的合法性、属性及其存在价值等问题上。[①] 这些问题，实际上反映了艺术史学科在中国文化语境中的尴尬现状，以及它所代表的科研群体对能够在国内、国际学术领域（尤其是艺术史研究领域）中拥有更多话语权的期待。国内的艺术史研究人员在过去很长的一段时间里，没有办法与国际同行一样，用同一种声音和频率进行交流，因而在国际与艺术史相关的学术圈中长期失声。国际学术界提到中国艺术史研究或研究中国传统艺术的领军人物，往往列举的都是诸如费慰梅（Wilma Canon Fairbank）、高居翰（James Cahill）、雷德侯（Lothar Ledderose）、包华石（Martin J. Powers）、罗森（Jessica Mary Rawson）、柯律格（Craig Clunas）、鲁唯一（Michael lowewe）、苏立文（Michael Sullivan）等西方著名的中国艺术史学者（也被称为汉学家），或者是早年出国，然后一直在国外从事艺术史研究的学者，如方闻、巫鸿、汪跃进等人。近年

---

[①] 贺晓舟：《中国"美术考古学"的根本问题》，《浙江艺术职业学院学报》2013 年第 2 期，第 59~63 页。贺晓舟通过"考古"的方式分析了"美术"这一概念的原型，认为它非常破碎，且指出"美术考古学"这个概念有"逻辑混乱"的问题，其实他没有意识到"美术"这个概念输入中国以后，其内涵并非一成不变。

来，中国艺术史研究的本土学者（包括港台学者在内）开始在国际上发出一些声音，虽然非常微弱，但是这也为艺术考古学在中国的发展提供了契机。

历史的步伐已经迈入了现代主义语境，全球图形图像研究也随之进入了全新的阶段，出现了很多新的领域，遭遇了前所未有的困境。传统的艺术史观在探讨新的艺术现象、叙述现当代艺术史时，原有的逻辑框架、思维方式出现了问题。因为如果按照传统的艺术史观来看，艺术史的发展轨迹发生了断裂，这种断裂是传统的艺术史叙事逻辑无法弥合的。[1] 同时，在新的历史时期，艺术史研究在非西方艺术史学者的努力下逐渐走出了欧洲中心主义史观的偏狭思维，这个变化不但改变了西方中心主义艺术史观中的线性进程，[2] 使得艺术史获得了多线程的视野，同时它也由区域性的艺术史观阶段（主要是欧洲史，或者说是以欧洲为中心的艺术史）进入了具有全球视野的艺术史观阶段。而世界各地或不同时代的造型艺术各具特色，在诠释或分析时必然不能或者也无法完全遵循某一种特定的逻辑或方法论，如此一来，新的理论、方法就会被引入这一领域，比如艺术考古学。可以说，艺术考古学作为一门学科被提出

---

[1]　涉及艺术史断层以及转向研究的成果有很多，如高名潞的《西方艺术史观念：再现与艺术史转向》（北京大学出版社，2016）等。

[2]　巫鸿说："20 世纪美术史发展的一个总的趋向，即撰写以国家和地区艺术传统为核心的线性艺术历史，成为美术史研究和写作的基本形式。"中国艺术史也是这种线性发展观的"受害者"。迄今为止，一般的中国艺术史著作在按历史分期的方式来描述中国艺术的发展规律及特点时，基本上都遵循这样的发展观，把中国的艺术史描绘成一种线性的进步、时尚运动的流变，如魏晋时期的作品讲究气韵、唐代的作品讲究神采、宋代的作品讲求兴味、明清时期的作品追求笔墨，然后就是对笔墨进行否定的"革命"。这种发展观否定了自南齐谢赫《古画品录》面世以来形成的"艺无古今"之说。参见巫鸿《全球视野中的美术史研究：变动的格局与未来的展望》，"美术史在中国——中央美术学院美术史学科创立 60 周年国际学术研讨会暨第 11 届中国高等院校美术史年会"主题发言稿，原载于中央美术学院人文学院微信公众号（2017 年 11 月 28 日）。

来，在中国或者世界艺术史学史上都具有相当重要的学术意义与价值。这个话题的展开便涉及新艺术史的研究方法与写作问题，对此国内外有很多学者已经进行了较多探讨，笔者不在这里详述。接下来，着重分析艺术考古学的学科属性问题，确切地说，就是如何看待艺术考古学本质的问题。

　　目前关于艺术考古学学科属性的说法主要有四种[①]：一是认为艺术考古学是考古学的一门分支学科，属于特殊考古学，目前国家社会科学基金的学科分类就是如此设置的；[②]二是认为艺术考古学是艺术史的分支学科，国内很多艺术学院、美术学院以及综合院校都设有艺术考古或者美术考古专业；三是认为艺术考古学应该被看成一个独立的学科；[③]四是认为艺术考古学应该被看作一门交叉学科或边缘学科。其中持前两种观点的人数占比要高一些，尤其是持第二种观点的人在学界应该占多数。至于认为"艺术考古学的性质为考古学的观点在学界'占主流'"的研究者，[④]笔者不知道其依据从何而来，这种观点如果来自不了解艺术史、考古学的研究者尚情有可原，毕竟"隔行如隔山"，但是若出自艺术史与考古学专业出身的研究者则显得不够严谨。虽然目前艺术考古被边缘化的状况较过去有所改观，但是考古专业的从业者对跨界从事艺术考古

---

① 也有学者持不同观点，如刘允东就认为只有三种不同观点："第一种，认为美术考古学属于考古学；第二种，认为美术考古学属于美术史学；第三种，认为美术考古学是独立的学科。"参见刘允东《学科还是方法——对"美术考古"性质讨论的思考》，《文艺研究》2016年第 2 期，第 141~148 页。

② 笔者将研究课题"汉代壁画的艺术考古研究"申请作为考古学框架下的特殊考古项目，成功获得国家社会科学基金后期资助项目立项。

③ 郑岩：《论"美术考古学"一词的由来》，《美术研究》2010 年第 1 期。

④ 有关的观点参见刘允东《美术考古学与美术史——兼论美术史边界的泛化》，《南京艺术学院学报》（美术与设计版）2010 年第 1 期，第 24~27 页。

（或艺术史）的学者比较不屑的现象在 20 年前甚至是 10 多年前却是一个不争的事实，有些学者甚至还著文来纠正此风。

持第一种观点的代表学者主要有来自考古学界的夏鼐、杨泓、严文明、刘凤君等。这个观点的提出者是夏鼐，他在《中国大百科全书·考古学》中首先对"美术考古学"进行了说明。[①] 杨泓被认为是这个领域的奠基人之一，他在随后出版的《中国大百科全书·美术卷》中对夏鼐所提出的解释进行了补充和扩展。此后，他多次重申这个观点，指出"美术考古不是艺术史，它们是两个学科，但是这两个学科的联系和互动又是非常多的。美术考古是考古学的一个分支学科，它的任务和做的研究都是为田野考古学服务的，是田野考古学的一部分，因为不牵扯到艺术史研究的部分，而艺术史研究是美术史学，它是从意识形态的审美观念出发研究各种美术品，有原则的区别，它是史"。[②] 持这种观点的研究者还有刘凤君，他在《美术考古学导论》中说"美术考古学是考古学的一门三级学科"，但他并不是一个态度坚定者，在后记中他又说"它也是一门交叉学科"。[③] 实际上，从已经发表的艺术考古学研究成果来看，艺术考古学非但不为田野考古学服务，反而要田野考古来为它服务：田野考古的新发现构成了艺术考古研究的基础和出发点，并且在研究方法上艺术考古也不囿于考古学的地层学和类型学方法，人类学、心理学、宗教学、图像学的方法都是艺术考古在进行推论时所经常用到的一些方法。因此，汤惠生等学者认为它是一个

---

① 《中国大百科全书·考古学》，中国大百科全书出版社，1986，第 17 页。
② 李昶伟：《杨泓：美术考古不是艺术史》，《南方都市报》2014 年 7 月 17 日。
③ 刘凤君：《美术考古学导论》，第 29、124、485 页。

交叉学科也并非毫无根据。①

　　与考古界不同，艺术史界对艺术考古归属问题的看法并不一致，主要有两种：一是认为艺术考古属于独立学科，二是认为艺术考古属于艺术史的分支。第一种观点以阮荣春和黄厚明为代表。他们虽然并不否认在"研究对象、研究方法、研究目的的阶段性上，三者（美术考古学、考古学、艺术史三门学科）具有一定的重叠性和共生性"，但是仍然坚持认为"美术考古学是一门具有独立性质的学科，它既不从属于美术史学，也不是考古学的灰姑娘"。② 而第二种观点认为艺术考古学因为受研究方法与范围的制约，其实很难脱离考古学与艺术史而另立门户，③ 有学者指出，"目前看来，美术考古学独立的条件尚不成熟，不仅在理论上缺乏系统有力的论证，在具体实践中我们也难以看出其独立的可能性"。④ 除此以外，还有一些研究者其实对艺术考古学的学科归属持摇摆态度，比如孙长初在其博士学位论文《中国艺术考古学初探》中，时而说艺术考古是特殊学科，时而说"艺术考古学又是一门横跨考古学与艺术学科的交叉或边缘科学"，⑤ 或者"艺术考古学的学科性

① 叶康宁：《美术考古：美术还是考古？——汤惠生教授访谈录》，《艺术生活》2012 年第 1 期，第 18~20 页。

② 阮荣春、黄厚明：《美术考古学的学术定位和学科建设》，《南京艺术学院学报》（美术与设计版）2003 年第 4 期，第 4~11 页。

③ 吕金光、吕亚泽：《〈美术考古学丛书〉研读札记之一——谈美术考古学的归属与独立性问题》，《西南民族大学学报》（人文社会科学版）2012 年第 6 期，第 237~240 页。

④ 刘允东：《学科还是方法——对"美术考古"性质讨论的思考》，《文艺研究》2016 年第 2 期。

⑤ 孙长初：《中国艺术考古学初探》，《东南大学学报》（哲学社会科学版）2003 年第 2 期，第 56~62 页。但在《中国艺术考古学理论的再思考》一文中，他对艺术考古学属于交叉学科的态度开始变得更加坚定："美术考古学作为考古学与美术学两大学科的交叉性学科开始初见端倪。"参见孙长初《中国艺术考古学理论的再思考》，《东南大学学报》（哲学社会科学版）2007 年第 4 期。

质应该是两大学科交叉后形成的一门新的学科。其根本点应该落在考古学"，[1] 这种表述让人无所适从。

而郑岩也表达了一种两可的态度，认为既有基于考古的美术考古学，也有以美术史为基础的考古美术学。[2] 在他看来，过去"尽管美术家强调考古材料的重要性，但并没有在这两个学科间建立有机的联系，多数的时候，二者的连接只是形式上的。……如果'美术考古'一词有意义的话，它的意义在哪里？这个意义不是在于它本身，而是在于它对原来已有的两个东西的作用。对于美术史和考古学来说，美术考古的提出有助于拓展其视野、材料和方法，如此一来'美术考古'才是有积极意义的"。[3] 他认为，艺术考古本身也不是铁板一块，还可以进一步细分。其实郑岩对艺术考古属性的看法有一个发展的过程，在早期，他的态度应该是支持艺术考古学作为考古学分支的观点，[4] 然后才逐渐发生改变。无论如何，有一点可以肯定，他并不赞同艺术考古学是一门独立的新学科的观点。

在邵学海看来，艺术考古学被当作考古学的分支是匪夷所思的。因为这样不能显示其种属的差异性，艺术考古学的"研究应与历史学、考古学诸学科以及其他二级学科划清界限，保持自身的学术特征，确定自己的任务和目标，既不能仅仅从'历史科学的立场出发'，方法上也不

① 孙长初：《中国艺术考古学理论的再思考》，《东南大学学报》（哲学社会科学版）2007 年第 4 期。

② 郑岩：《论"美术考古学"一词的由来》，《美术研究》2010 年第 1 期。

③ 徐胭胭：《考古学与艺术史研究——郑岩教授访谈录》，《艺术设计研究》2010 年第 2 期，第 24~28 页。

④ 杨泓、郑岩：《中国美术考古学概论》，第 1 页。

能混淆于考古学研究"。[1] 他认为艺术考古学应该是"美术的考古学"，属于艺术史领域。顾平也持类似的观点："美术考古学，作为美术史研究的一种方法，其落脚点应在'美术'上。"[2] 持相近观点的还有陈池瑜、范梦等艺术史出身的学者。[3]

如果把艺术考古看成考古学的分支，那么这种以考古学为旨归、采用考古学方法的艺术考古与偏向艺术史的艺术考古学有什么区别？理论上应该是有区别的，比如说，艺术考古中的"艺术"二字如果放在考古学框架下，该如何去诠释它就是一个问题。如果艺术考古只是研究那些较有艺术性，或者说是制作较为精美的器物，实际上这只是在普通考古学内部"划地盘"，把那些普通出土物剥离出去而已。从这层意义上来讲，我们应该好好反思当年夏鼐提出艺术考古学是考古学的分支学科的目的和意义。但是问题在于学者们在讨论艺术考古学的属性问题时并没有仔细地去思考这两种取向的差别。

在笔者看来，除郑岩以外，以上研究者的观点大多数都有将问题简单化的趋势，非此即彼，忽略了人文学科的发展往往是先在整合资源、融汇知识、开拓视野等层面上取得突破，然后才能够在学术建构层面上取得突破的规律。从前文的回顾中我们知道，艺术考古学在国外其实是一个比较尴尬的概念，这个学科名称与翻译有关，但最终在中国落地生根，并辗转腾挪出了一定的发展空间。[4] 这个学科在中国

① 邵学海：《"美术考古学"之名辨》，《美术研究》2008年第1期，第68~71页。

② 顾平：《"美术考古"：近三十年美术史研究的新转向》，《美术观察》2008年第3期，第11~13页。

③ 参见陈池瑜《中国现代美术学史》，黑龙江美术出版社，2000，第304页；范梦《美术学——有待深入探讨的学科》，《美术杂志》1997年第7期，第30~31页。

④ 郑岩：《论"美术考古学"一词的由来》，《美术研究》2010年第1期。

的发展，一开始也是和考古学交织在一起的。这种情况的出现，既有国情特殊性的现实原因，也有具体的文化历史原因。滕固等学者将艺术考古引入中国，[①]本意在于弥补中国传统艺术史研究的先天不足，推动艺术史研究的发展，却在无意间打开了另一扇门。正如李淞所言："准确地说，美术考古还不是考古，因为在基础的田野发掘阶段不存在单独或专门的'美术考古'活动，它只是后期的整理、认识和研究，是对某一类特定研究对象进行的考古工作的概括。"[②]在欧洲的大学里，我们见不到艺术考古学这门学科，而在众多的美国大学里，我们甚至见不到专门的考古院系，更别说艺术考古学专业了，因为在西方的学科规划中，早期艺术史或考古学的研究内容大多被纳入人类学的范畴，艺术史学者如巫鸿、考古学家张光直等都是先拥有人类学博士学位，然后才获得艺术史博士学位。就美国而言，艺术史研究的对象主要是外国美术，因为美国的历史极为短暂，无古可考。[③]中国虽然与欧洲一样有着悠久的传统，但新中国成立以后，大学学科体系的建设引入了苏联模式，从而使得艺术史专业在中国大学的地位被迅速边缘化和异化。因此，就其本质而言，艺术考古学在中国的出现与发展是由于西方传统意义上的艺术史学科在中国现有学科体系中的缺位引起的。这个缺位因为中外学术交流的日益频繁而变得更加显著，从而致使学科系统内部发生自我平衡这便

---

① 严格地说，艺术考古研究在此之前已然出现在中国，也有学者如沙畹、斯坦因、伯希和等人利用这些考古发掘和田野调查所得的物质材料进行艺术考古研究，但是因为从事研究的主体并非中国学者，而且至少早期的影响范围也主要在西方学术界，因此他们实际上是利用了中国的实物材料和文化遗存做东亚艺术考古研究，出发点与中国艺术考古研究不一样。

② 李淞：《研究艺术的考古学家或研究图像的历史学家？——略论考古学的影响与中国美术史学的学科性》，《美苑》2000 年第 6 期，第 35~39 页。

③ 在美洲大陆只有印第安文明是原生的文明，属于人类学研究范畴，而且与美国历史、主流文化的形成和发展没有直接关系。

有了艺术考古学科的发展。虽然不同学科的研究范畴和研究方法会随着特定的地域、人文环境而相应地微调，但那些与人类所关心的终极命题相联系的知识，包括通过但不限于使用考古学、历史学、艺术史、人类学、哲学等学科方法来探索的人文社会科学知识，对它们的追问是人类无法抑制的内在需要，不会随时空的改变而改变，一旦出现空白便会寻求填补，而艺术考古学便是一个可能的途径。

　　毫无疑问，艺术考古学具有跨学科性质。我们判断一个学科是否具有跨学科性质，要从其发展的原初状态来看。比如像文学这样的学科，它与同时存在的其他学科（比如哲学、历史学）的距离是很大的，彼此之间基本没有什么交集，它甚至还是很多学科最初共有的母体，随着学科的发展，传记学、神话学、艺术学等学科就慢慢地从文学这个大母体中分离出去了。考古学与历史学、美学与哲学都是这样的关系，前者从后者中孕育、发展，最终剥离出来。而艺术考古学不同，它从一开始就与艺术史、考古学结合在一起。其一，从学科的发展来讲，它应是由于艺术史这门学科在发展过程中出现偏差而获得存在的可能性。也就是说如果它要占位，最初也只能是占艺术史之位，虽然它不能被看成艺术史的补充，但是它的存在与中国艺术史学科的发展轨迹有关却是不可否认的。其二，艺术考古学通过借助考古学在国内学术界的地位而获得发展契机。近年来得益于大量考古发掘工作的重大突破与收获，艺术考古学研究也迅速发展，吸收了田野调查的方法，不再囿于回答思想史与社会文化方面的问题，而是把触角伸向更为广阔的空间，以至于文博系统中的考古研究人员也越来越重视艺术考古研究领域所取得的最新成果，并尝试结合艺术考古的观念与方法来推进考古研究，呈现了与老一代考古学者不同的一面，对艺术考古采取了更为开放的态度。老一代考古人通常不对出土文物做过多的推测，在发掘过程中遇到诸如壁画之类的出土物，除了断代之外，最多只是在发掘报告中对画面可见的内容作有限的描述，很少有人去研究壁画的具体制作方法、绘制材料、用笔技法等内容，能这样研究的就非艺术史莫属了。[①] 从这个角度来看，艺术考古学其实是将艺术与考古更为紧密地联系在了一起。

　　虽然艺术考古学具有跨学科的性质，但是笔者仍然建议把它纳入艺术史的视野中来。这是因为，一方面，华夏文明的历史非常久远，但有信史可索的时期实际上也就 3000 多年，而与早期模糊不清的历史叙述相比，那些源源不断地从地下出土的遗物却是实实在在的。比如，从不同原始文化遗址中出土的大量玉器（见图 1-5），证明了远在数千年前中国大地上就活跃着无数先民，他们已经有了很成熟的祭祀观念、丧葬礼仪。即便到了商周时期，传世文献的片言只语或许并不能为我们了解殷民周人洞开多大的空间，反倒是出土的这个时期的大量青铜器具（见图 1-6）让我们对当时活跃的族群及其所使用的礼器、兵器、乐器甚至是裹器有了更为详尽、深入的认识。晚到唐宋时期，墓葬中出土的众多精美的金银器、瓷器等在验证史实、提供细节上仍然具有重要的学术价值，何况它们大都美轮美奂，堪称极品，艺术价值极高。另一方面，艺术史本身也可以是一个发展中的概念。因此，我们没有必要因为艺术史在中国的发展出现了与西方艺术史不同的特点，就将艺术考古单列，与艺术史划清界限。从国际交流的角度来看，把它纳入艺术史的范畴还有一个优势，那就是可减少不必要的学术隔阂。艺术史（艺术考古学）研究者不仅需要国内的学术舞台，还需要国际的平台。以往的学科设置框架（将

---

① 李昶伟：《杨泓：美术考古不是艺术史》，《南方都市报》2014 年 7 月 17 日。

图1-5　红山文化出土勾云形佩

艺术史置于艺术学下的艺术理论类中）已经为我们与国际艺术史界的沟通、交流造成了一定的障碍，今天我们在学科建设方面的努力，就是要竭力消除这样的障碍，而不是另外再架构出一个新的屏障，增加交流的困难，尤其是对于艺术史、考古学这些起源于西方的学科（它们的内部逻辑在西方是通行的）来说更是如此。除非是中国本土产生的学科，如金石学、简帛学等，才有在国际学术架构中单独推行的必要。

　　从国际学术交流的视野来看，把艺术考古学归为艺术史下的二级学科不失为一种理想的选择，但前提是，这个艺术史是广义上的，①这一点非常重要。因为在中国，如果把艺术考古学从管理的层面上划为

① 刘允东在其论文中曾提到艺术史边界泛化的问题。在他看来，艺术史、考古学、艺术考古等学科之间相互渗透，从而导致了各种学科的边界都有泛化的倾向。笔者在前文中也提到，在现代化与全球化的进程中，艺术史的研究对象一直在发生变化，即从西方中心主义的艺术史向世界艺术史转变，艺术史研究的目标范围一直在扩大。当然，刘允东所谓的"泛化"可能更强调"边界模糊"而不是"范围扩大"。参见刘允东《美术考古学与美术史——兼论美术史边界的泛化》，《南京艺术学院学报》（美术与设计版）2010年第1期。

图 1-6　四羊方尊

艺术学系统中艺术史（即狭义的艺术史）下的二级学科，这样无疑是把艺术史在中国的尴尬遭遇重新演绎了一遍，无助于艺术考古学的蓬勃发展。所以在现实意义上，或许把艺术考古学看成一个独立的学科、一个与西方艺术史对应的学科更有建设意义，同时，也可以充分发挥它在沟通艺术与考古学科，深化出土文物的文化研究，推进中国传统艺术研究的国际化进程中的作用。

　　总而言之，正如王汎森所言："近代学科建置的过程中产生了许多'创造性的转换'，不过用历史研究的角度看，原来人们以为很多传统学问在转化成现代学科的过程中功能会得到继承或改善，其实并不一定如此。"[1]艺术史、考古学在这种转换的过程中也必定会遭受某种"损失"，

① 王汎森：《执拗的低音：一些历史思考方式的反思》，生活·读书·新知三联书店，2014，第23页。

而艺术考古学的出现则可以补偿这种缺憾。至于艺术考古学的属性问题，即它到底应该被视为一个交叉学科、一个考古学分支，还是一个独立的学科，在现代学科发展以及交叉学科、多学科合作研究的背景下，其实已经不重要了。因为随着人文学科的发展，艺术史与考古学、人类学、历史学之间的联系日益紧密，尤其是中国古代文明如此悠久，地下出土的物质文化遗存如此丰富，要对它们进行有效的研究，艺术史与考古学就变得非常重要，而当艺术史研究者因为被边缘化变得束手束脚、考古学家因为发掘任务繁重而无暇施展功夫的时候，对于艺术考古研究而言便是一个机会。

## 四 研究对象

一个学科存在的前提是，除了要建构自己独立的研究方法体系之外，还要有自己明确的研究对象、相对独立的研究领域，并且在这方面的探索是其他学科所不能取代的。学科的研究对象既受外在制约的调节，也有内在预设的导向，是学科系统整体平衡发展的结果。

首先，艺术考古学的制约来自中国现有的学科体系框架。2011年，艺术学作为一个门类从文学中独立出来，成为一级学科，其下设的二级学科有两个，一个是通常设置于美术（或艺术）院校的美术史专业，另一个是研究各种艺术创作规律的艺术理论，但是并不以通过视觉形象材料来挖掘其背后的社会、文化等内涵为己任的艺术史专业。在艺术学框架下，艺术史是一个充满争议的概念，它的研究对象被设定为研究包括音乐、美术、舞蹈、戏剧、影视、设计等所有艺术形式的普遍问题、起源、历史沿革与变迁等。换言之，西方学科脉络中的艺术史的传统研究对象在中国的艺术学设置中其实是阙如的。

其次，艺术考古学的制约来自学科内部的需求。这主要是因为，在研究方法体系和研究对象上，中国艺术史都存在明显的不足。李淞曾说："在'全球视野'下，当下中国的艺术史论缺乏独特的观察视点和理论体系，照搬西方艺术史写作（间接照搬西方文学、哲学、史学等学科的时尚理论、概念和方法）。显然，这意味着两个重要的缺位：中国、艺术。"[①] 在不同的国家，学科设置会受到民族文化和地域文化的影响。而且在不同的历史阶段，不同国家及其教育机构也会根据时代的需求，增加或裁撤某些学科，这说明一个学科在与具体的国家、民族、区域的文化相适应的过程中，还要做出相应的调整。反过来说，要富有创造性地诠释特定的文化艺术，艺术史就要找到与具体民族或文化特征相契合的研究方法。中国艺术史受其特殊的历史际遇影响而在研究对象上囿于一隅，显然也是不足。受这门学科内在特质的召唤，[②] 它在内部萌生了一个旨在平衡的学术增长点，甚至是一个学科来弥补这种不足。从这个角度来看，艺术考古学因为中国艺术史自身发展的缺陷，获得了具有补偿性质的意义与价值。

前文已经提到，艺术考古学研究的对象主要涉及出土文物及相关的图像。杨泓等人认为："美术考古的研究对象，是田野考古调查和发掘工作中获得的各类与美术有关的科学标本，包括古代的遗迹和遗物。其主

---

① 李淞：《略说"全球视野"与中国艺术史的中国话语》，《美术观察》2017 年第 9 期，第 4~7 页。

② 有关"召唤"结构的理论，以德国沃尔夫冈·伊瑟尔（Wolfgang Iser）的读者反应论为代表。参见朱狄《当代西方艺术哲学》，人民出版社，1994，第 292~304 页。

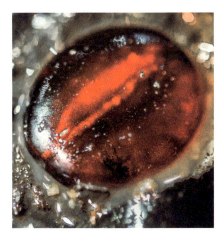

图 1-7　海昏侯墓出土琥珀

要内容，可以概括为与古人现实社会生活有关的考古标本和与古人丧葬有关的考古标本两大类，这也可以说几乎涵盖了田野考古获得的遗迹和遗物的各个方面。"[1] 当然，如果一味地强调把艺术考古局限在出土文物中，[2] 这样的态度或许值得商榷。实际上，有两类材料同样很值得艺术考古研究者重视：一是遗迹，如史前时期动植物的化石（见图 1-7）、动植物遗体（见图 1-8）、地理环境变迁痕迹（如河流改道、地震等现象造成的废弃与终止使用情况）；二是传世物品，包括传世的文物、书画以及文献等，这些也是具有重要学术价值的材料来源，其中有许多物品甚至与历史上的重要人物关系紧密。

　　从研究对象来看，艺术考古学与考古学有很大的重合度，但是考古学重视的是材料本身，而艺术考古学则关注材料之上或之外的东西。所

---

① 杨泓、郑岩：《中国美术考古学概论》，第 2 页。

② 顾平：《"美术考古"：近三十年美术史研究的新转向》，《美术观察》2008 年第 3 期。

图 1-8　马王堆汉墓出土盛有野兔骨的竹笥

谓"古不考三代以下"或"明清以降，无古可考"，其说法不一定正确，但也并非全无根据，这表明考古学的重点与强项和中国历史还是有很大关系的。艺术考古学也一样，它的研究重点也是在中国历史中距今较为久远的时段，即西方汉学家眼中的"早期中国"。相对于近现代而言，早期中国所遗留下来的文献总量少，何况那些传世文献经过历朝历代的编纂、删削和篡改，早已变得支离破碎、面目全非，因此历史学要在这个时期的研究上取得成绩就显得困难重重。相比之下，利用地下文物的出土，通过地层学、类型学以及图像学的分析很多史书上说得模棱两可或完全失载的事实，都有机会得到更为清晰的解释。

　　我们一直说金石学是中国考古学的前身，其实在笔者看来，毋宁说它是艺术考古学的前身更为准确。之所以这么说，是因为金石学与艺术考古学的研究对象有相似性。金石学的研究对象早期主要是青铜器（见图 1-9）和石刻材料，后来扩展到铜镜、兵符、砖瓦、封泥，甚至是甲骨、简牍、明器、杂器等。这个范围显然与艺术考古学的研究对象有很大的重合度。金石学的内容主要是考释铭刻、碑文，但是也有极少量的器物名称和用途考证，"大约不出于著录、摹写、考释、评述四端。有存其目者，有录其文者，有图其形者，有摹其字者，有分地记载者，有分类编纂者，或考其时代，或述其制度，或释其文字，或评其书迹，至为详备"[①]。这些内容与艺术考古学的内容也有较多的相近之处。可见把金石学看成中国艺术考古学的雏形有其合理性，在这里，只有一小部分金石学研究的内容即文字，就是书法的一个部分，属于艺术的范畴。相反，金石学与中国考古学之间的关系至少从现状来看似乎并没有那么紧密，一个偏重于案头工作的考证，另一个则偏重于田野调查与发掘，性

图 1-9 西周墙盘

① 朱剑心:《金石学》，上海书店，1920，第20页。

质上相差较远。当然，艺术考古学本身也是一个不断发展的学科，一旦它获得相对的独立性，在进一步的发展过程中，必将延续其包容性与开放性，结合与吸收当下新出现的研究理念，实现新的突破，形成新的研究方法与范式。比如，随着艺术考古研究的深入与拓宽，近年来有些学者已经开始尝试将艺术考古与田野调查方法结合起来，通过这种方式弥补案头工作的不足，等等。

第二章

# 艺术考古与研究方法

艺术考古的发展经过了漫长的时空漂移，在这个过程中，它多数时候是停留在概念的状态，出现在考古学、艺术史的著述中，最后才在中国的学术土壤中扎根、开枝散叶，成为中国古代文化研究中的一个重要分支。可见，艺术考古的方法论与考古学、艺术史的方法论之间有密切的联系。实际上，艺术考古具有很大的弹性，既可以成为一种研究的学术理念、具体的研究方法，同时也可以发展成为具有特定研究范畴的学科门类。艺术考古作为研究方法与世界艺术史在当代的发展有关，而艺术考古的学科发展则与我国的学科体系发展有关。当然，作为一门学科，其研究方法的建构与发展是以与之相适应的独特研究范式的出现为标志的。它所发展出来的这套与之相适应的研究方法，应该是既有吸收和借鉴考古学、艺术史研究方法之长处，同时也有与它们相区别之处。为了更好地说明艺术考古研究方法的具体特点，笔者拟从两个层次展开说明。第一部分为"图像研究的传统"，讨论作为研究方法的艺术考古，在这里，它和其他研究方法一样，是分析与探讨某个学科问题的工具。第二部分为"系统研究的建构"，讨论作为学科的艺术考古，发展出了何种方法论以及方法论系统。

# 一　图像研究的传统

艺术考古作为一个解决问题能力相当出色的研究方法，近年来常常为艺术史研究者所借鉴，而且在考古学研究中也颇受重视。当然，一些相关的姊妹学科，比如人类学、博物学、民俗学、文化学的研究也经常借鉴此法。但在这些学科中，与艺术考古关系最密切的还是艺术史，用笔者的话来说，它们是"性相近"。除此之外，与艺术考古关系较为紧密的学科还有考古学，但考古学的专业性较为突出，是一门介于自然科学与社会科学之间的学科。虽然在实际的问题分析过程中，考古学工作者或多或少也会用到一些艺术考古的研究手段，甚至各级考古研究所、发掘部门在组建考古发掘团队时也越来越重视艺术考古人才的参与，但是在具体如何运用艺术考古方法来解决实际问题方面并没有形成较为成熟的方法论，因此接下来的部分笔者首先会着重从艺术史研究方法这条脉络来梳理一下艺术考古方法的源流问题。

艺术考古作为一种研究方法，在中国艺术史研究系统中打开了一扇崭新的门，在这个层面上，郑岩所谓"偏艺术的考古学研究"之说是有合理性的，因为该方法的引入为中国艺术史的研究注入了"科学"之风。因此，顾平将它直接视为一种独立的研究方法也不是毫无根据的。

在讨论艺术考古研究方法之前，笔者拟先对古典时期视觉形象的研究方法做一个较系统的回顾，因为这与艺术考古学研究方法的形成有着千丝万缕的联系，对于艺术考古学有很多的启发，其中很大一部分艺术史研究方法甚至被艺术考古研究直接搬用。通过对艺术史研究方法、艺术考古研究方法的纵向比较，可以更为客观地了解二者之间的区别、借鉴与发展关系。

"古典时期"作为一个术语，产生于西方文化艺术史的叙事场合，与中国文化语境在内涵上并不十分契合，因此比较容易引起误解。笔者所谓的"古典时期"在时间上大概涵盖了上起三代、下迄民国的漫长历史时期，因此"古典时期的方法"实际上包含了两层含义，或者说涉及两个方面。其一，强调古代视觉形象。对古代视觉形象进行研究，有很多行之有效的方法，有些研究方法虽然来自其他学科，但因为适用，所以经过发展，逐渐成为图像研究的基本方法。其二，强调古代的研究方法。艺术史研究有较长的发展历史，在这个流变的过程中，产生了很多经典的研究方法，其中有些方法今天早已不用或者不常用了，但它在过去的某一个阶段可能还是最重要的研究方法之一。"艺术史"是一个舶来词，由德语 Kunstgeschichte 转译而来，而 Kunstgeschichte 这个词本身在当代德语中的用法就含混不清：一方面它可以指艺术发展的历史，另一方面则指对这种历史发展的学术研究。因此，对艺术史研究方法的历史性回顾，似乎本身就蕴含于自身内在的发展逻辑中了。这种回溯包含了两种指向：一是对艺术史研究方法进行溯源、整理；二是通过研究艺术史的史学史，推陈出新，发展出新的研究理论与观念。

## （一）古典时期的方法

对视觉形象进行科学的研究，在西方最早可以追溯到 16 世纪。米开朗琪罗的得意门生、意大利迪亚诺学院（今意大利佛罗伦萨美术学院）的创始人瓦萨里（Giorgio Vasari，1511-1574，见图2-1）是西方视觉形象研究史上第一个重要的艺术理论家，其代表作《杰出的画家、雕塑家和建筑家传》（或译为《大艺术家传》）虽然是人物传记，但是传记的主体却是创造视觉形象作品的艺术家，因此这也可以称得上是原始状态的艺术史研究。[①] 而他的后继者温克尔曼，则是第一个利用古代遗物，而不是专门靠古代文献来诠释古代文化、历史的学者。他在艺术、考古的研究与方法论建设上都做出了开拓性的贡献，因此有些学者直接将他称为艺术考古学的事实开创者。他首次按照某种明确的学术思想和方法（即艺术历史）来编写文物史，1764年完成的古代希腊罗马文物研究专著《古代艺术史》可资为证。[②] 温克尔曼继承了瓦萨里的观念，认为艺术的发展模式具有生长、成熟、衰亡这种生物学意义上的循环特点。他在《古代艺术史》中明确地提出了艺术历史研究的目的，并将艺术历史的研究对象从"艺术家传记"转向了"艺术作品及其特质"，抛弃了作为个体的艺术家的丰富性，把那些精美文物的创造看成时代的产物。

艺术史作为一门独立学科却直到近代才出现。关于视觉形象的研究方法，先后至少出现了9个门类，具体介绍如下。

第一类是作品鉴定学。主要应用于绘画和雕塑的研究，目的在于对它们进行真伪鉴定、断代以及分类等。代表人物有意大利自然科学家和外科医生莫雷利（Govanni Morelli，1816-1891）以及德国艺术史家弗里德兰德（Max Jacob Friedlander，1867-1958）等。在艺术史初创时

---

[①] Giorgio Vasari, Le vite de'più eccellenti pittori, scultori et architetti。中译本有《巨人的时代》，刘耀春、毕玉、朱莉等译，湖北美术出版社、长江文艺出版社，2003。

[②] Johann Winckelmann, Gechichte der Kunst des Altertunms, Dresden, 1974.

图 2-1 《大艺术家传》瓦萨里肖像

期，作为提出可操作的艺术史研究方法的典型代表，莫雷利为鉴定学奠定了科学的基础，其做法是通过仔细研究画家描绘眼睛、耳朵和指甲等细节的惯用笔迹，辨别作品的真伪。艺术史家弗里德兰德最有代表性的作品就是他所撰写的十四卷本尼德兰绘画研究专著，它被视为鉴定学上的一座里程碑。

第二类是材料技术学。着重从艺术作品的材料和艺术家的创作技巧方面来研究艺术史，这种方法从作品的物质层面展开研究。20 世纪 30 年代以后，这种方法主要用于作品鉴定和修复方面，代表学者有布鲁梅尔（Carl Blümel，1893-1976）等人。

第三类是形式学派。早期的代表人物是奥地利美术史家阿卢瓦·李格尔（Alois Riegl，1858-1905），他将美术文化的历史变迁看作不受人类劳动实践所支配的精神现象，而他所提出的"艺术意志"概念将艺术的编年史看作一个哲学命题，首先改写了美术史的编史方法。另一个重要的代表人物就是沃尔夫林（Heinrich Wolfflin，1864-1945），他在著作《艺术史原理》中提出了艺术形式发展的五对范式。[①] 其中，李格尔属于维也纳学派，因此他的形式主义分析还强调文化因素的作用，重视知觉与精神进化的关系，所以他也被归入精神分析学派。而沃尔夫林所提出的形式与风格理论在20世纪最初的20~30年有着极大的影响。当时，整个自然科学与社会科学界似乎都在寻找和揭示某种永恒不变的自然和社会规律，沃尔夫林认为也有一个类似的永恒风格在主导着艺术的发展，即艺术总是在早期阶段、古典阶段与巴洛克阶段之间循环往复。[②]

第四类是图像学。图像学的代表人物是帕诺夫斯基（Erwin Panovsky，1892-1968），他认为形式不是决定艺术品的唯一价值，形式与题材共同构成作品的内容。作品的文化意义是图像学研究的一个重要出发点。帕诺夫斯基把图像学的方法分为三个部分，即前图像志描述、图像志分析（也称肖像学分析）以及图像学阐释（也称圣像学分析）。前图像志描述阶段涉及一件艺术品的基本物理事实与视觉事实，如形式、线条、色彩、材料等，这些信息无须考虑外在来源，是一个非常基本的形式分析。图像志分析阶段涉及对艺术品的知识性解释，如人物身份、故事内容、历史背景、传统脉络等。图像学阐释阶段是指观者通过前两个阶段的努力，进而找到图像的意义、艺术家制

---

① Heinrich Wolfflin, *Priciples of Art History*, trans. by M. D. Hottinger, Dover Publications Inc.,1932.

② 〔美〕安·达勒瓦：《艺术史方法与理论》，李震译，江苏美术出版社，2009，第18页。

作图像的风格甚至是赞助人的意图等。帕诺夫斯基的方法其实提供了一种阅读作品的方法，即从作品的表层进入作品，探索其背后所隐含的文化意义。

第五类是传记学。这是艺术史研究的传统学派，代表人物就是前文提到的瓦萨里，他通过艺术家的书信、言录、活动和有关艺术家的生平逸事甚至传说来研究艺术的本质。

第六类是心理学。具体分为知觉心理学和精神分析学。将视知觉心理学运用于美术史研究的代表人物是贡布里希（Sir E.H.Gombrich，1909-2001），他关心艺术风格是如何产生的这个问题。在他看来，艺术作品就是对知觉的记录。其代表作有众所周知的《艺术与错觉：图画再现的心理学研究》《秩序感：装饰艺术的心理学研究》等。精神分析学家与艺术理论家鲁道夫·阿恩海姆（Rudolf Arnheim，1904-1994）在视知觉的精神分析学研究中有着相似的地位。他反对视觉只是一种机械的、原始的生理功能这样的说法，认为视觉与思维不是两个分离的过程，其代表作有《艺术与视知觉》《视觉性思维》等。在这些作品中，他所传递的观点往往会有所不同。精神分析学的代表人物是弗洛伊德（Sigmund Freud，1856-1939），他直接用这种方法来研究美术史的代表作只有两篇，一篇是《米开朗琪罗的摩西》（见图2-2）。通过研究，弗洛伊德揭示了达·芬奇的同性恋及恋母情结倾向，而米开朗琪罗的作品也反映了艺术家年幼时的经历及这种遭遇的深远影响：米开朗琪罗从小生活在一个没有女性的世界，早年失去母亲，使他会在无意识中把母亲理想化，同时在现实中远离女性。另一篇是《列奥纳多·达·芬奇和他童年的一个记忆》，在这篇文章中，弗洛伊德发展了病理描述学的研究方法，将临床精神分析运用到艺术家的生活与作品中去，从而试图分

图2-2　米开朗琪罗创作的摩西像

析这位艺术家的同性恋倾向，解释其创作缓慢的原因及独特创作母题的偏好等。

第七类是文化学。文化学实际上是一种多学科的综合研究，是一种比较性研究，它把视觉艺术与人类文化活动的各种表现形式结合起来加以考察。代表人物是19世纪瑞士学者雅各布·布克哈特（Jacob Burckhardt，1818-1897）。他认为历史学是一切科学中最不科学的科学，正如他对尼采宣称的那样，自己不是一个善于思考的哲学家，从来没有进入真正的思想殿堂，他的理论充满了感性和个人风格。其代表作品为《意大利文艺复兴时期的文化》。这本书表明布克哈特站在艺术作品的主题和功用的角度进行考察，为那个时代的艺术史研究开辟了全新的方向。

第八类是社会学。它是考察艺术史与一般社会因素之间的关系的研究。与文化学颇为相似，但也有不同。社会学方法受马克思主义的影响很大，它更注重经济基础与上层建筑、阶级关系的分析。社会学者认为，艺术作品既然由人创造，那么它就是一种社会现象，只有揭示出艺术发展与其他社会现象之间所存在的必然联系，才能对艺术发展做出充分的解释。

第九类是修正主义研究方法。其实这不完全算是一种方法，正如它的名称所显示的那样，它只是一种辅助性的研究方法，旨在修正旧的范式。这种方法主要出现在 19 世纪历史学家的著作中。代表性的学者是哈斯克尔（Francis Haskell，1928-2000），他被誉为 20 世纪"最富有创造性的艺术史家"。[①] 修正主义研究者认为，现代主义对 19 世纪的解释是有选择性的，而且忽略了那个时代有着重要意义的艺术家，比如托马斯·库丢尔（Thomas Couture，1815-1879）在当时是极为成功而且名气很大的画家，而修正主义研究者总是假设艺术史家所无视或忽视的那些艺术家一定是重要的。

除了前文已经提及的关于艺术考古研究方法的一些争议之外，上述研究方法，其实无论是在名称还是在分类方式上，学者们的认识也不是很一致。比如，有人就将《艺术哲学》的作者、法国史学家兼文艺批评家丹纳（Hippolyte Taine，1828-1893）的研究方法称为社会学研究法，把凡涉及赞助人的研究，包括贡布里希的研究都归入采用社会学方法进行艺术史研究的范畴。[②] 姑且不对其作定性评议，但从中我们可以看出一点，那就是在艺术史研究过程中所采用的方法有时存在穿插混合、界限模糊的情况。因此，学者们有意将这些研究方法的分类简化。郭晓川

---

① 曹意强：《艺术与历史》，中国美术学院出版社，2001，序言第 1 页。
② 焦琳：《社会学方法与美术史研究》，《新视觉艺术》2009 年第 3 期，第 26~28 页。

在其专著《西方美术史研究评述》中，就把以上研究方法简单地分为资料源研究方法与非资料源研究方法。[①] 曹意强则将围绕着艺术本体展开的研究称为内部艺术史，而将对作品社会与文化史的探索称为外部艺术史。[②] 巫鸿也有类似的说法，他提出"内在因素"和"外在因素"之分。[③] 我们可以用一个更为笼统的说法来概括它们，即这些研究方法都是对视觉形象及其创作主体的研究，而这些研究的关注点有很大一部分与艺术考古研究是重合的。

## （二）艺术考古的机遇

1981 年埃尔韦·菲舍尔（Hervé Fischer）做了一个与艺术史有关的行为艺术作品，并写了一篇名为《艺术史终结了》的文章来阐释它的意义，目的在于谴责 19 世纪艺术史的陈词滥调并否定了整个 19 世纪的历史观。[④] 时隔两年，也就是 1983 年，德国慕尼黑大学艺术史讲座教授汉斯·贝尔廷（Hans Belting）写了一篇题为《艺术史终结了吗？》的文章来回应埃尔韦的这件作品，[⑤] 将对当代艺术和当代艺术史研究的反思向前推进。毋庸讳言，艺术史并没有终结，但类似的艺术事件与反思行为推动了 1980 年代以来以当代西方学术为背景的艺术史研究方法的发展，并使其出现了一些新的变化，这些变化表现在三个方面。第一，艺术

---

① 郭晓川：《西方美术史研究评述》，黑龙江美术出版社，2000，第 8 页。

② 曹意强：《欧美艺术史学史与方法论》，《新美术》2001 年第 1 期。

③ 巫鸿：《美术史研究略说》，《东南文化》1997 年第 1 期，第 103~106 页。

④ Hervé Fischer, L'Histoire de l'art estmineé , Balland, 1981.

⑤ Hans Belting, Das Ende der Kunstgeschichte? Deutscher Kunstverlag,1983.

史的研究对象不再局限于有限的"高雅艺术"，而是扩展到艺术洼地中的"低俗艺术"，城市、摄影、电影、表演，甚至海报、广告等都被纳入艺术史研究的范畴。第二，艺术史研究的范围不再局限于西方艺术，而是扩展到非西方艺术。当然这些变化免不了会遇到一些诸如语言和翻译所引起的问题，[①] 但这些问题并不能够阻止这种发展趋势。可以预见的是，未来艺术史研究的范围将会越来越广泛，而它的研究方法也会随之发生相应的变化，因为艺术史学科的研究对象——视觉图像，在当代社会生活中的作用和影响越来越大。第三（同时也作为前两个方面影响的结果），在研究方法上，艺术史研究不再局限于本学科的理论与方法，而是扩展到吸收其他人文学科的一些方法和理论体系，如考古学、阐释学、符号学、人类学、解构主义、女性主义等。传统艺术史研究的时代终结了，一种新的"泛文化主义"艺术史正在逐渐形成，我们不妨称之为视觉形象研究，与之相对应的是，现代艺术史研究方法也出现了与传统艺术史研究方法有明显区别的新特点。

　　被纳入视觉形象研究的方法，其实可以归结为两大类。一类为对传统艺术史研究方法的新发展，法国当代艺术史家达尼埃尔·阿拉斯（Daniel Arasse，1944-2003）所提倡的艺术史研究方法就是一个很好的例子。他强烈建议研究者要"贴近画面，关注画面中常被人忽略的细节"。[②] 其实对于这种方法，鉴定学派的莫雷利就使用得非常纯熟，只不过他仅把这种方法看作研究实践的一种具体技能而已，而阿拉斯则将其系统化，并发展为一种方法。这种方法在

---

① 如王菡薇《艺术史跨语境研究中的不适应性——试论欧美中国美术史研究中的语言与文化差异问题》，《江苏社会科学》2010 年第 2 期，第 161~165 页。

② 郑伊看：《阿拉斯式的艺术史研究方法》，《艺术设计研究》2010 年第 4 期，第 90~97 页。

最近发表的一些艺术考古研究论文中又被称为"超细读研究法"[①] 或"微观研究法"等，其实质内容是一致的，都是强调对事物的近距离观察和对微观的详加研判。

　　另一类方法则更多地源于对其他人文科学的研究方法的吸收，或是对它们的利用和发展，其中就包括艺术考古学、艺术社会学和艺术人类学的研究方法等。作为一种研究方法，艺术考古学与艺术史的其他方法有所区别。它虽然在视觉形象研究方法中算是一个比较晚近才发展成形的研究方法，但是长期存在于中国传统的视觉形象研究脉络之中，20 世纪初以来对视觉形象材料研究方法的探索过程，其实也推动了包括"作为基础研究的文献学、书画鉴定学与美术考古学方法的发展"。[②] 即便尚处于雏形状态，中国第一个具有国际学术训练背景的艺术史学者滕固，彼时就发现了艺术考古对于中国艺术史研究的重要价值以及学术意义。他指出，艺术考古强调对出土材料的利用和对器物、遗址类型的整体把握，通过对原始材料的分析，推断艺术品或有关事物更为丰富的内涵，发现遗址所包含的更为准确的结构、等级信息，以及它们所属历史文化的具体背景，可见它是对具体出土文物和文化类型进行系统认识的利器。

　　对于中国的艺术史研究而言，以往几十年的历程表明，它与中国传统艺术在气质上并不十分契合，中国的艺术史研究其实经历了一个磨合与探寻的过程。薛永年说："在 20 世纪初至 70 年代末以前，对中国美术

①　巫鸿：《"超细读"：马王堆一号墓中的龙、璧图像》，第三届"古代墓葬美术研究国际学术讨论会"论文，后以《马王堆一号汉墓中的龙、璧图像》为题发表在《文物》2015 年第 1 期上。

②　薛永年：《反思中国美术史的研究与写作——从 20 世纪初至 70 年代的美术史写作谈起》，《美术研究》2008 年第 2 期，第 52~56 页。

史的研究与写作影响最大的并不是比较专门的西方美术史学，而是已经接纳到新学里面来的西学，首先是五四之后兴起的新史学，其次是作为新学的艺术学，四五十年代后苏式马克思主义理论影响尤著。中国古代的美术史学的成果和传统基本是受批判的，是若断若续地在延续。"① 这个过程预示着，要想开展更深入和更有文化针对性的研究，必须有与中国艺术实际相适应的新方法。

言及于此，我们便要提到一个几乎中断了的传统。中国很早就形成了一套与传统艺术相应的研究方法，这些方法用艺术史学者的观点来看可能还算不上是具有学科意义的艺术史研究方法，或者说无法将它们与艺术史研究方法的概念进行对接。因为"艺术史"是从西方文明中发展出来的概念，其内核与中国传统艺术并不匹配。柯律格指出，相对于"艺术"这个西方概念而言，"中国艺术"是一个非常新的词语，出现的历史尚不足百年，"任何关于'中国艺术'的定义都存在诸多的异常现象和内在矛盾。这一面，恰恰在之前所有的艺术史写作中被忽略"。② 对于中国传统的艺术，朱青生称之为"主动的艺术"，它包含了许多用"艺术史"这个概念所无法处理的问题。③ 不无夸张地说，中国传统艺术自汉代以来就从"被动"的存在状态转变为"自觉"的存在状态，而这种状态至今还是西方当代艺术所要努力发展的方向，这个特质是中国传统艺术在漫长的发展过程中逐渐形成

① 薛永年：《反思中国美术史的研究与写作——从20世纪初至70年代的美术史写作谈起》，《美术研究》2008年第2期。

② 河西：《"中国艺术"再定义——艺术史家柯律格谈中国艺术史》，《南风窗》2014年第5期，第89~91页。

③ 朱青生：《艺术史在中国——论中国的艺术观念》，《文艺研究》2011年第10期，第102~111页。

的，它已经内化为中国艺术家不由自主地进行追求的本能，但在中国当代的艺术发展进程中却遭到了遮蔽。这种自觉的艺术超越时空关系，具有永恒性。因此，在中国传统艺术中最杰出的艺术形式不是绘画而是书法，只有书法才能够超越时空、意识形态，甚至宗教等。中国传统艺术中放逐自我的观念，导致了与这一传统相联系的研究方法也基本被废弃，那些重要的图像文本变成了西方艺术史洪流下仅仅具有证史价值的文献而已。而这个传统中与艺术考古相对应的研究方法——金石学更是沦落为民间藏家损毁金石器物的工具，今天大量公私收藏的金石器物，上面被打拓得光亮或乌黑的情况比比皆是，有些甚至因此而面目全非（见图2-3）。

图2-3　碑林拓工在打拓片

重新回顾这段历史，我们不难发现，中国艺术史的研究在方法上其实面临着一个不可多得的历史机遇，当然它也可能是一个巨大的挑战。这个历史机遇包括重新接续和发扬中国传统书画艺术研究的方法，比如重新检讨东晋顾恺之撰写的《论画》、《魏晋胜流画赞》和《画云台山记》，以及唐代张彦远撰写的《历代名画记》，从这些被尘封的文献中找到与中国艺术共生的艺术史研究方法，书写具有中国特色的艺术史研究新篇章。巫鸿在讨论中国美术史研究状况时曾说："美术史这个学科21世纪初介绍过来，但人们想到美术，却忘了史。"①现在看来，情况似乎正好相反(至少在中国艺术史界是如此)，恰恰是人们忘却了传统，一头扎进西学之故。对中国传统的书画艺术进行削足适履，一味地想着"造史"，为艺术史而艺术史便是其表现。当然，如果积极地看待这种断崖式的发展，或许它也并非毫无可取之处，毕竟它让中国的学者看到了"艺术(史)写作"的另一种可能，而在它的影响下中国传统艺术写作的面貌会更加丰富。

当然，笔者在此着重强调的是用艺术考古方法进行艺术史研究，这是20世纪前半叶艺术史研究前辈滕固、岑家梧就开始推动视觉形象研究向纵深发展的方案之一。中西方两种"艺术(史)"研究的世纪交汇，必然会产生大片需要填补的空白，艺术考古方法几乎是在艺术史研究观念被引入中国的同时，就被学者们有意无意地加以运用了。中国几千年来不间断的文明发展史造就了地下丰富的文物瘗藏，这些都是艺术考古研究方法得以发展的得天独厚的条件。

早在20世纪初，世界各国汉学家就开始对中国传统的艺术与文物进行研究，有条件的甚至直接奔赴中国内地，考察分布各处的丰富文物

---

① 巫鸿:《美术史研究略说》,《东南文化》1997年第1期。

遗存。用艺术史研究方法对中国传统艺术与文物进行研究，大致要追溯到 1881 年英国考古学家卜士礼（Stephenw W. Bushell，1844—1908）在柏林东方协会展出的从中国带回的一套汉画像拓片。五年后，也就是 1886 年，米勒（Lieut. D. Mills）也收集了一套拓片并赠给大英博物馆。这两起事件激起了若干汉学家实地调查研究这类资料的欲望，同时也标志着西方对汉代画像（乃至中国艺术）介绍与研究的肇始。比如，法国驻华使团自由工作者、汉学家沙畹从 1907 年 3 月至 1908 年 2 月，在辽宁、北京、山东、河南、陕西、山西等地进行了长达一年的访古调研活动（见图 2-4），并出版了《武梁祠画像》《中国两汉时代的石刻》等专著，系统地介绍了汉代画像与石刻艺术。他的专著既著录经过详细考证过的图像铭文，也分别予以解释，这种具有严谨的科学精神的实地调查方法，其实包含了艺术考古研究方法的各项基本要素，是典型的艺术考古研究。这项工作一直延续到 1942 年，费慰梅对武梁祠的复原研究可以说有了很大的突破与收获（见图 2-5），成为后来学者研究的重要基础。威廉姆·安德逊（William Anderson）在 1891 年出版的一本关于中西美术比较的著作中，归纳出五种中国美术的基本特征（这里可以看出他的研究参考了沃尔夫林的形式主义方法）。其中有一项说，中国画为等距透视，缺乏观察力，反映了一种非科学的不明智的东西。① 很显然，安德逊的研究立场有问题，带有强烈的西方中心主义偏见。当然并非所有研究中国古代视觉图像或文物遗存的西方艺术史家、汉学家或考古学家都以这样的眼光来审视中国传统艺术，坚持以"中立"或"独立"的态度进行研究者不乏其人，马

---

① 巫鸿：《美术史研究略说》，《东南文化》1997 年第 1 期。

图 2-4　沙畹在龙门石窟考察

盖尔（Magal）就是其中非常了不起的一位。[1] 然而这并不等于说，这些"中立"的学者因此就能够做到完全消除文化偏见，这样的偏见直至现在乃至将来很长的一段时间内都会继续存在。换句话说，没有偏见其实是不正常的，而这种偏见之所以如此明显，很大一部原因在于中国发出的声音过于微弱，这种情况迄今依然没有多大的改观。在全球一体化的今天，中国仍然还有很多学者沉浸在自我陶醉的想象中难以自拔，认为不需要与外国学者进行交流。

回顾中国古代视觉形象研究在引入艺术史后的几十年，无论是中国本土培养出来的研究者，还是留洋归来的艺术史家，常常使用"拿来"之法对中国传统艺术进行研究，这种现状不容乐观，其实存在着"消化不良"的问题。这种不乐观的状况包括两个层面：一是在学术研究层面，表现为对艺术史（及其方

① 巫鸿：《美术史研究略说》，《东南文化》1997 年第 1 期。

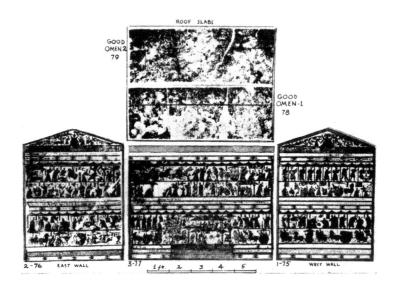

图 2-5　费慰梅武梁祠复原

法）这套工具的驾驭能力尚有欠缺；二是在文化建
构层面，艺术史一直处于中国传统文化体系的边缘。

　　先说学术研究层面。其实除了极少数从事艺术
史研究的学者可以抵抗各种干扰、潜心研究外，大
多数学者都不免情绪浮躁，容易犯下列毛病。其一
是在研究中堆叠数据。学者们虽然注重对事实资料
与文献证据的收集，缺乏创造性的判断或观点，文
章往往数据翔实但结论平平。有些文章或者研究因
为作者没有吃透数据，却因关键词相同被作者归拢
在一块加以讨论，以致出现逻辑混乱、毫无系统的

情况，让人读起来不知所云。滕固早在 1933 年便指出了这个现象，虽然导致这个现象的原因或许不同，但表征却是相同的："不幸中国历来的绘画史作者，但屑屑于随笔品藻，未曾计及走这条正当的路径。"① 为了这条"正当的路径"，滕固等学者甚至投身到对历史文物遗迹的考察之中，而且翻译了瑞典考古学家蒙德留斯（Oscar Montelius，1843－1921）的《先史考古方法论》，专门介绍与艺术史发展密切相关的类型学方法，从而在事实上成为推动艺术考古学发展的先驱，为中国早期艺术史研究利用考古发现和考古学方法奠定了扎实的基础。其二是新瓶装老酒。研究者乐于不厌其烦地描述形象中的细节，用新材料重复旧的结论，或者根本就不下结论。其三是走捷径。有些研究其实来自所谓的"实践"或"调研"，研究者一味强调实践（或者完全相反），这种研究是不可取的。在端正学术研究态度方面，从事中国艺术史研究的学者还有很多工作要做。

在中国艺术史研究方法的探索过程中，学术界一直在尝试各种办法。比如巫鸿等人做出了一些尝试，1997 年由外文出版社与耶鲁大学出版社联合出版的《中国绘画三千年》就是这些尝试的结果。研究者包括了业界最权威的人士如杨新、班宗华、聂崇正、高居翰、朗绍君、巫鸿等。然而有一个问题是，如此一部皇皇巨著，却不是由某个统一的学术思想来统摄的，而是任由各个学者把握自己所承担的部分。对于以这样任意拼凑方式编写的著作，要想在整体层面上推出新方法或者新理论是不大可能的，因此其充其量只能算是一本写作水平较高的论文集。最近几年有许多以"改造历史"等名目进行的关于艺术史写

---

① 滕固：《唐宋绘画史》，神州国光社，1933，第 2 页。

作方法与理论的学术讨论（它们有些是配合出土文物或艺术作品展览组织的艺术史写作原理与方法讨论），或者以这种态度来撰写的文章，都反映了一种学术意愿，即学者们希望中国艺术史的研究与撰写能够突破陈规，从而反过来推动当代艺术在中国的发展，乃至改变我们对中国艺术与艺术史的认识。只是由于这个思路存在太多功利主义的诉求，以至于最后都沦落成"形式主义表演"了。在中国，艺术史研究还出现"为方法而方法"的困扰。比如有人提出用十字交叉法来研究中国艺术史，[①]笔者以为这就有点偏离艺术史研究的正途了。艺术史研究不应该太强调方法，因为艺术史的学科性质说明它自身就是一个"大杂烩"，它所涉及的问题相当复杂，不是发明一个或一些方法就能够把一类问题一网打尽的。当然不强调方法，并不等于可以无视方法。

再说文化建构层面。中国艺术史研究的现状令人担忧，彭捷认为："一门人文学科成熟的标志，必须是在综合性大学里面成为学生必读或选修的主要课程。作为一门传统的文科专业，艺术史在德国目前的大多数综合大学的课程设立中仍然高居心脏地位。"[②]在中国的人文传统中，表现为金石学、名物学或其他形式的"艺术史"也是极为重要的，这在古代文论中就有所体现。但是在当代中国大学中的情况则恰恰相反，要么没有艺术史学科，要么就是点缀和摆设。相对于这样的惨淡现实，艺术史研究方法的发展就更不值一提了。朱青生曾谈到，中国传统艺术在西方艺术史框架引入中国之后，实际上是遁入

---

① 成乔明：《艺术史研究方法之探讨》，《南京工业大学学报》（社会科学版）2003 年第 2 期，第 59~62 页。
② 彭捷：《中国艺术史研究现状的忧思》，《艺术探索》2004 年第 3 期，第 69~70 页。

了一种被遮蔽的状态，即在艺术史体系下，我们最终所得到的并不是中国文化或艺术原本要去反映的文化或观念体系，而是被这套体系所扭曲后的样子。[①] 因此，可以说中国艺术并不适合用西方艺术史方法来研究。这样一来，中国的艺术史研究在方法论上其实面临了双重问题：一个是传统艺术与舶来之研究方法间的磨合问题；另一个就是进入现代语境后，中国艺术史所遭遇到的断裂问题以及这个断裂所引发的艺术史研究方法问题，这也是艺术史研究（不论是中国的艺术史家还是西方的艺术史家都会面临）的世界性难题。当然，在西方，艺术史的发展其实也经历了相似的历史进程，但是从 20 世纪 50~60 年代以来，西方艺术史的研究基地就转入了综合性大学，艺术史成为大学人文科学中的主要科目。中国也必将经历这样一个历程，直到以某种形式，比如笔者所设想的，以艺术考古的形态进入综合性大学并成为人文学科的重要角色，如此才算完成艺术史在文化建构方面的全部使命，而中国艺术史的研究也才能真正踏上一个新台阶。

## 二　系统研究的建构

前面讲的是艺术考古作为一种研究方法，在考古学、历史学、艺术史的研究中，越来越受到重视。而现实的情况是，艺术考古不仅作为一种研究方法被关注，还作为一个学科体系在中国蓬勃发展，因此，自然也要形成一整套与这个学科体系相适应的研究方法。那么这套研究方法

---

① 朱青生：《艺术史在中国——论中国的艺术观念》，《文艺研究》2011 年第 10 期。

会有什么特点呢？

　　艺术考古的研究方法有很多，杨泓认为艺术考古学可以"从历史科学的立场出发，依据层位学、类型学等考古学研究方法，结合古代文献以及传世的有关遗物"来进行综合研究。① 张朋川亦持大致相同的观点，他认为艺术考古学的研究"以考古学的层位学、类型学为主要研究方法"。② 刘凤君则认为，"美术考古学的研究方法是一种综合的研究方法，可分为基础研究法和深入综合研究法"。③ 分类方法比较混乱，没有什么规律可循，这也意味着这一领域基本上还处于探索阶段。笔者在此将艺术考古的研究方法分为"基本研究方法"与"前沿研究观念"两类，用意在于将艺术考古中经常用到的方法、近年来学界新出现的新方法和笔者在研究过程中所用到的新方法以及研究观念分别做一个介绍。其中，因为基本研究方法在已有的研究理论中经常见到，因此本书只对它做一个简略的介绍，重点在于介绍新的研究方法和研究观念。

## （一）基本研究方法

　　关于艺术考古的研究方法，有学者认为，它应该以考古学的地层学与类型学为基础。也有学者提出，它应该以艺术史的方法为基础。更有学者根据自己对艺术考古的思考，提出了一系列新的方法论。比如，阮荣春等研究者提出了"物态学"的研究方法，④ 李杰提出了以"风格谱

① 杨泓：《美术考古半世纪——中国美术考古发现史》，文物出版社，1997，第5页。
② 张朋川：《美术考古与美术史研究》，《装饰》2001年第5期，第11~12页。
③ 刘凤君：《美术考古学导论》，第59页。
④ 阮荣春、黄厚明：《美术考古学的学术定位和学科建设》，《南京艺术学院学报》（美术与设计版）2003年第4期。

系"作为艺术考古研究方法的基础，①等等。笔者对"物态学"方法没有什么概念，研究者自己也说，"我们目前的思考尚未真正成熟，还有待在实践中进一步加以完善和发展（这个理论）"，故不做讨论。至于"风格谱系"学，笔者觉得还可以商榷。因为如果说到风格，研究就容易陷入艺术作品中不可量化考察的层面。其实李杰"风格谱系"概念的提出或多或少参考了方闻的研究方法，而后者的学术着力点是在中国传统书画。"风格谱系"之法与传统书画研究若合符契，因为这是从书画的特点总结出来的，有针对性，但也有局限性，不能简单地照搬到艺术考古研究中来。因此与其以"风格"为切入点进行艺术考古研究，不如直接使用考古学的"类型学"方法论，如此一来，从源头上来讲也是合乎逻辑的，无须新创一说。

艺术考古的基础研究方法主要包括借鉴艺术史的研究方法、考古学的研究方法以及历史学的研究方法三大类。不管我们承认与否，考古学的类型学、层位学方法，历史学的归纳、演绎方法，以及艺术史的风格学、图像学研究方法等，实际上已经成为艺术考古研究中的基本方法。关于这些方法的具体特点，前面已有一些基本介绍，其中考古学研究的类型学方法和艺术史的图像学方法是被艺术考古沿用较多的两种重要方法，在有关方法论的著作中都有很详细的介绍，此处不赘。相比之下，历史学研究方法一般较少提到，相关介绍也较少，此处略举一例。比如笔者在考察汉代马车伞盖杠衣帷数问题时就用过归纳法。通常我们在文献中见到的马车以盖系四维居多，但是笔者通过整理、研究全国各地出土的汉代画像石资料，发现事实上各地画像中还经常出现一种

---

① 李杰：《中国美术考古学的风格谱系研究——以中古时期平面图像为中心》，第 3 页。

图 2-6　汉代的二帷马车

只有"二帷"的马车（见图 2-6），因此归纳出结论，汉代还存在一种失载的马车装饰方法：盖系二帷。[①]除此之外，其他学科的研究方法并非没有被借用，而是相对于这三种学科方法来讲，使用的频率比较低而已，此处亦从略。

有很多研究者在具体的研究过程中都特别强调把考古学的类型学和地层学当成基本的研究方法，而忽视对其他方法的运用，这种态度或许还有斟酌的空间。[②]理论上讲，考古学的研究方法，特别是地层学在艺术考古研究中并不是一种常用的研究方法，通常只是作为辅助的研究手段。刘凤君把艺术考古学的研究方法分为基础研究法和深入综合研究法，并说"基础研究法是指所运用的考古学对遗迹遗物整理研究的区系划分法、层位法和类型排比法；深入综合研究法是指历史研究法和借鉴美术史的艺术分析研究法"。[③]这种分类实际上也把考古学的基本研究方法（层位学与类型学）放在了一个比较次要的地位，如"美术

① 练春海:《汉代车马形像研究——以御礼为中心》，广西师范大学出版社，2012，第 171~174 页。此外，本书第五章中关于"裂瓣纹豆"的研究也用到了归纳法，可参考。
② 秉持这种态度的学者有刘凤君、杨泓等学者。参见刘凤君《美术考古学导论》（第 59 页），杨泓、郑岩《中国美术考古学概论》（第 3 页），等等。
③ 刘凤君:《美术考古学导论》，第 59 页。

考古学在某种意义上可以说是田野考古的一个逻辑的深化阶段，对美术遗迹和遗物所进行的田野调查和发掘，还不是美术考古学，在这种基础上再从事历史的和艺术的综合分析研究才能称其为美术考古学的研究"。① 从刘凤君的观点中我们可以推知，考古研究与艺术考古研究的基本内容有很大的区别，前者的研究方法自然不可能成为后者的主要研究方法。之所以在艺术考古研究方法中划分出"基础研究法"，其实还是要在艺术考古研究中解决它与考古研究相交叉领域中的遗留问题。

## （二）前沿研究观念

以下笔者将就艺术考古研究在当下发展的几个趋势或前沿观念做简要的介绍。

首先，看待问题要有全局意识，艺术考古学研究要强调宏观的历史观，这一点对于我国传统文化学术体系的建构而言尤其重要。中国的艺术史研究往往偏重于探讨艺术作品的风格与艺术家的交往等，在艺术考古研究的方法论中，有一种研究方法比较引人注目，就是一些学者所谓的"超细研究法"。这是微观史理念，固然很重要，也取得了很多成果，但如果单一地应用这种方法，有时就难免会出现"一叶障目"的偏颇，把那些微不足道的偶然夸大成悉心经营的必然，这也是历史学界对艺术考古或艺术史研究者提出批评较多之处，如何从具体研究中走出来，回到宏观的观照中，在切实把握研究大方向的基础上展开讨论，这一点很

① 刘凤君：《美术考古学导论》，第 125 页。

重要。① 在研究时不沉迷于细节的华美、丰富，解决具体历史问题时要从"特定历史时期整体面貌"出发，在所掌握的研究资料中梳理出一个整体的框架，把所有的材料分组分块地纳入相应的区间，在这个基础上展开对特定问题的探讨才不至于迷失方向。

　　以对秦汉时期的艺术考古研究为例，这个特定历史时期本身的跨度并不短，前后长达 400 多年，在这么长的时段内，其实很多信息是一直在变化的，包括观念信仰、行政区划、生存环境、物质资源等。在具体研究的过程中，有时根据研究对象的需要，研究者可能在时间上还要向上追溯到先秦、向下顺延到三国两晋时期，在空间上向东拓展到高句丽地区、向西北方向越过长城进入斯基泰地区、向南则进入哀牢和身毒国，研究的视野基本上囊括了中国史的整个"早期"阶段，在空间上也远远地超出了中国所辐射的地理疆域。当然，多数学者在研究伊始并没有这样一个雄伟的计划，设计一个包罗万象的研究体系，其实研究思路的发展是一个变化和发展的过程。刚开始，研究者通常只是围绕着自己感兴趣的话题进行思考，然后汇集材料，追踪问题、寻找答案，这个过程也是对事物本质认识加深的过程。慢慢地，研究者就会提出一系列层层推进的问题，于是针对这些学术问题展开文献检索、阅读和研究，有些问题很快就能找到答案；有些问题却因涉及线索太多，线索之间的缺环也不少，一个眼看着呼之欲出的结论因为受制于某个关键证据链，最后只能将其暂时搁置，转向新的研究，而新的研究要尽可能地避免与前一项研究产生交叉，以免"重蹈覆辙"。当然，在对新问题的思索过程中，意外地发现之前某个"被搁浅"问题的关键线索，这亦是常有之

---

① 顾平认为艺术考古学方法属于"中间层次"的研究。参见顾平《"美术考古"：近三十年美术史研究的新转向》，《美术观察》2008 年第 3 期。

事。所谓条条大路通罗马，研究者如果具有宏观的历史意识，很容易触类旁通。

其次，艺术考古研究方法的前沿发展方向具体可以分为如下几种。

（1）整体研究法

这个思路其实是对"全局意识"的发展，在全局意识的引领下才能形成。这种研究方法其实是一种"无功利"或"超功利"意义的研究方法，因为它不能应对那种短则三年、多则五年的有明确完成期限的招标式课题，通常要求研究者用十年、二十年去建构和完善自己的知识体系。具体地说，研究者不论从事哪一个历史时期、地域的研究，如果能够在自己不断完善的知识系统中形成对该时段、地域的文化、历史、人文情境的总体认知与把握，明确研究领域的主干线、大动脉以及由此构建的知识框架、关联、层次、影响之间的相互关系，那么在处理有关的学术问题时，就能够依赖这个无形的"云系统"，迅速做出相对中肯、合理的预判，切中问题的要害，并对下一步要努力的方向做出可靠的推测，不仅为研究节省了大量宝贵的时间，更重要的是这种研究方法可以让研究者在纷繁的文献与图形图像材料中抓住重点，不致迷失方向，直到解决问题为止。因为研究者心中有一个宏观框架，所以在自己的知识体系中存储与提取相关信息都有章可循。阅读到相关的文献，或收集到相关的材料，研究者都可以很快地进行归类，有条不紊。在这个"云系统"中，研究者可以不必耗费太多心力对材料进行处理，可以先凭直觉进入"模糊搜索"，进而在有效的检索结果中缩小范围进行精确的关键词定位、材料识别和归类，这个过程既节约时间，不断地丰满对目标文化体系的想象与熟悉感，也会让研究者对他所面对的材料产生"直觉"

感应，对后期的深入研究非常有帮助。

如果我们把这个形成于大脑中的"云系统"视为数据库，那么它就是一种最抽象的虚拟数据库了。[1] 对于研究者来说，还有两种数据库的建设也很重要，即电子数据库和实体的文献资料库。电子数据库又包括数字图书馆中的自建库，个人因为参与某个项目或课题所建的文献与资料数据库，以及完全因为个人兴趣而建的史料、文献与图像资料数据库。建库的过程涉及数据的选择与取舍，因此也是研究中必不可少的组成部分。

换句话说，如果把每个研究者所从事的研究领域看成树一样的庞大系统，"整体研究法"首先要做的事就是让研究者在自己的脑海中形成对这棵大树的印象，为具体的研究课题、项目建立起来的数据库则可以对应树上的枝干，而探讨具体问题的文章、研究和观点则对应大树末梢的细枝末节。这棵大树不是在研究者的意识中成长出来的，而是慢慢浮现的，先是一些没有关系的碎片，然后碎片连接成团，形成枝、干和树。填充和完善这个映象是一个永无止境的过程，在这个过程中，有关问题的讨论条件成熟了，即这棵树上的叶、枝和干之间的具体关联和逻辑关系就慢慢清楚了，顺藤摸瓜，答案也就浮出水面了。从这个角度来看，研究的结果是随着知识系统的逐渐丰满和完善而自然生成的。

从研究材料的相关性和内在逻辑出发来建构研究的体系，在西方艺术史学术脉络中与这个方法相似度最高的是瓦尔堡学派的研究方法，只

---

[1]　现实中的云存储也是电子数据库，它和普通的电子数据库的不同之处在于，它的终端不在个人的电脑里，而是在网络上，是一种动态的网络存储技术，并且它的管理与存储受一整套系统的控制，甚至数据之间以及数据与系统之间都是相互影响的，而不像普通的电子数据库那样，数据操作之间是相对独立的。

不过"整体研究"这个系统结构的生成方式在形式上恰好与瓦尔堡学派的研究思路相反。对于瓦尔堡具有图书馆性质的资料库而言，研究者参与和建构数据库（不论是最简单的文件夹，还是具有一定规模的专门文献书库）的过程是必不可少的，所不同的是瓦尔堡体系最终指向图像学方法，图像在研究体系中具有决定性意义，而"整体研究"的顺序则与此相反，它从图像（或者视觉形象材料）出发，指向的可能是图像，也可能是文字，甚至是一个具体的仪式。正如彼德·伯克所认为的那样，视觉材料（以及其他类型的材料）应该在研究中占有与文献同等重要的地位。① 从中国的历史来看，时代越早的阶段，文献上能够确定的事实越来越少，图像在研究中的地位则变得举足轻重，然而单纯的图像或者文字很难成为证据。如果仅仅满足于把图像或者文字作为证据来支持学术观点或假说，在研究中实际上是很被动的，因此在研究的过程中，研究者所扮演的角色确切地说更像化学家，而不是侦探，他要创造条件让图像、文字与文物遗存的痕迹发生还原反应，从而"再现"历史。在这个过程中，那些文献与实物证据不仅是鸿篇巨制的起点，更是承担叙事的主角。艺术史界近年来出现了一种叫"原境研究"的方法，从概念和实例来看，"原境研究"其实强调的是研究展开的前提，而不是具体方法，它强调把问题返回到生长、制作、存放它的原始空间去讨论。② 而整体研究不仅强调返回原生语境，更强调从当时人们的观念和认识中去观照、理解和分析事物，从它们内在的线索和逻辑出发找出事物与问题之间的关系。

① 〔英〕彼得·伯克：《图像证史》，杨豫译，北京大学出版社，2008，第9页。
② 刘晓达：《美术史的"原境"研究：从马王堆汉墓帛画的学术史谈起》，《美术学报》2015年第6期，第15~22页。

（2）实验研究法

这种方法的本质就是通过创造条件，让古代遗留下来的物质材料说话。在艺术考古研究中有两种研究趋势比较极端，一是有些研究者特别喜欢做田野调查，二是有些研究者只愿"钻进故纸堆里"，这两类研究者的努力当然不能说完全没有意义。严格地说，田野调查虽然可以采用科学的步骤、方法，但尚不能称为研究，它只是材料获取的方式。而"钻进故纸堆"虽然可以对文献进行深入的挖掘，但脱离具体的对象，有时会得出一些不甚合理的结论。记得有位研究者曾对"孔子师老子"这个话题做了比较详尽的文献研究，认为"老子"与"老聃"在汉代所代表的意义并不一致。该研究者后来在一个以古代墓葬为主题的会议上做了同一主题的发言，与会听众对此提出了质疑，因为很明显的事实是，全国各地出土有众多"孔子师老子"画像石，而且很多都直接在人物形象旁边题刻"孔子"与"老子"榜题（见图 2-7）。对于听众的质疑，该研究者强调自己只对文献感兴趣，不关心实物，但问题是当实物摆在眼前时，我们就不能视而不见了。笔者举这个例子并不是说该研究者的结论就一定有问题，而是说其研究应该把那些实物纳入视野一并加以考虑。总的来说，前述的这两种研究趋势虽然本身存在不足，若是单一地利用，在学术研究上容易造成偏颇，与研究所要达到的目标背道而驰，但它们的思维方式还是有借鉴价值的，可以为后续研究或相关研究提供学术基础和经验启示，例如在对孤证或孤例进行考证和研究的过程中，如果能配合使用情景模拟的方法，所得出的结论就会更具合理性，其实这个研究方法就是受田野调查法的启发而来的。

在艺术考古研究的过程中，不仅要注重收集数据，更要注重所采集数据的品质，数据越全面、越丰富，它的质量就有可能越高。一般

图 2-7　孔子见老子画像

来说，数据包括两种信息，即本身直接反映和传达的信息以及间接传递或蕴藏的信息。这些信息反映了事物发生发展的初始状态、条件、环境等，是我们进行"实验复原"的客观条件。在数据经过有效的技术处理并引入启动条件之后，我们就可以进行实验研究的控制平台搭建，复原事物所处的原生态，在一定程度上还原事物的"本来面目"。实验研究法有效地延伸了"证据"的形态，尤其是在计算机科学高度发达的今天，计算机模拟可以为这类研究提供技术保障、技术支持，极大地节省了时间，减少了重复实验，使之成为艺术考古研究中的一个有力工具。

其实无论是田野调查或是从文献到文献的书斋式研究，其本身并不存在什么问题。可能成为问题的是，很多研究者对于学术研究工具、手段、方法在学术研究中所处的地位没有准确的认识，所以才会出现工作做了不少，但是结论平平，或者拾人牙慧的情况，这类研究者通常被学界称为"知识搬运工"，因为读者从他们的研究文章或者著作中收获的不是有价值的学术观点或全新的认识，而是一些线索和参考资料。实验考古研究的成果与它们有根本的区别，前者虽然也以视觉材料为出发点，但以建构某种预设的价值为终点。

至于如何创造条件让物质材料说话，我们可以从一个具体的例子来管窥一斑。笔者曾与陕西考古学家康兰英一起探讨过关于陕西地区所出土东汉画像石墓结构的设计观念问题。由于这些墓葬的墓主多数在当时的社会地位不是很高，所以在正史中几乎找不到任何有关的记录，更别说是关于他们墓葬结构设计观念的内容。可以说，现有研究成果关于这一阶层墓葬的具体讨论大多数情况也是"看图（视觉材料）说话"，视觉材料是研究者在探讨具体问题时的信息来源和唯一根据。就东汉陕北地区的墓葬而言，墓葬的后室中常常可以见到一个平台，台面比墓室其他空间的地面略高一些。从平台上残留的痕迹来看，上面可能曾放置过一两口木棺。面对这种情况，笔者当时有一个疑问：这些平台的设置是否都与木棺的安放有关？当时的丧葬观念中是否讲究在什么位置安放木棺？康兰英认为这是一个很重要的问题，但之前的研究者都忽略了，对于这个问题的回答，她提供了一个线索，即在发掘中经常见到过木棺放在前石室或者走廊的情况。后来通过查阅康兰英所提供线索相关的发掘报告，发现事实基本与其所言相符。但是仔细阅读发掘报告，笔者又发现了另外的情况，即不论木棺位于何处，墓葬后室中通常都会有一个平台状的结构，由此得出这样的结论：在后室设置安放木棺的平台是当时陕西地区非常流行的墓室结构设计。但是在实际的丧葬过程中，往往会受到某些具体因素的影响，使得有些墓葬的平台最终置而不用。比较常见的一种情况是：当时主流墓葬为合葬墓，如果配偶中一方先离世，那么其棺椁在下葬时，通常会临时放置在甬道，或者放在墓葬后室之外的其他墓室，亦或是紧贴平台的一侧放置（见图 2-8）。原因可能是受空间的限制，两棺如果不同时放在墓葬后室的平台，而是一先一后，实际操作有时会很困难。等到另一方去世后合葬时，两具棺木并置于后室平台，并封死墓门，这是通常的做法。但问题是，有时也会遇到一方去世

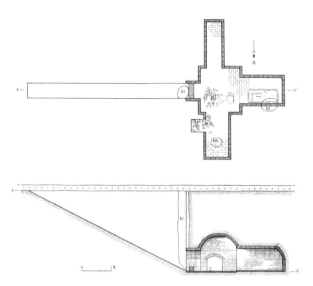

图 2-8　西安市中药厂 M20 平、剖面

多年，而另一方依然健在的情况，甚至离世时间相差二三十年，因此合葬的想法就只能中途放弃。对于笔者的这个推断，康兰英也表示赞同，认为符合墓葬中观察到的状况。在对这个问题的思考过程中，视觉材料自身所携带的信息对我们来说就显得非常重要，解读过程其实就是创造条件让材料回到原境、让材料说话的过程。

（3）问题导向法

艺术考古研究之所以在中国现有的学术框架中引起这么多争议，除了学科属性的归类问题之外，还因其研究成果、研究方法反映出不确定性，其常用研究方法没有专业自身的典型面貌、术语，实际上这未尝不是艺术考古的强项或者特点。对于中国早期文化的研究而言，要在材料上获得突破并非易事，就像考古人员每年都会发掘大量的遗址和墓葬，但有突破性的、有重要学术价值的新发现并不多一样。

在早期文化艺术的研究中，视觉材料一直非常重要。20世纪20年代以前，中国还没有现代意义上的考古学，只有传统的金石学。金石学尽管也关注出土器物，但其关注的核心是"文字痕迹"以及围绕着它展开的著录和考证，直到以田野调查、科学发掘为基础的现代考古学在中国出现，视觉材料中除文字以外的图案才逐渐受到重视，并出现了王国维所提倡的"二重证法"，甚至是"三重证法"。经过新中国成立后70多年的努力，尤其是在考古发掘有了比较大的进展后，学界对中国传统文化的研究也迅速深入，许多重要的问题都得到了较为系统的梳理，甚至有些学者开始认为，今天要想在早期文化艺术领域提出重要或者重大的命题已经非常困难，只有在考古有重大发现时才会带来学术研究上的重要收获。这样的说法或许并不客观，但它反映了中国早期文化研究的大趋势。然而这只是表象，新中国成立后安稳的社会环境使得大批的学术成果有如泉涌甚至井喷而出，把主要的和重大的学术问题都捋了一遍，但是水平参差不齐。近年来，粗糙的、以量取胜的研究越来越没有市场，随着学者受教育程度的普遍提高、研究能力的迅速提升，学术期刊的办刊水准也逐渐提升。中国早期文化研究也逐渐由领域开拓转向更为本质的文化深耕，实现从量变层次向质变层次的嬗变。从这一点来看，早期文化研究的空间不是被压缩了，而是还很大，但这个空间需要高质量、高水准和高投入（包括人力和物力）的学术成果来填补。从体量上看，与早期文化相关的文献实际上并不算多，假以时日是可以"读完"的，但这并不表示问题不多。早期中国由于距离我们生活的时代比较遥远，那个时代的生活方式、习惯都与当代有很大的差异，但传世文献的记述却非常粗略，留下很多的疑点与空白。尽管其中有许多问题已经得到解决，不过远远不够，因此，对早期文化艺术的研究不是问题越来越少，而是恰恰相反。这一方面，需要对以前的研究进行重新审视；另一方面，新材料、新观念的出现其实也提出了新的问题。

西方艺术史的研究训练非常注重多学科的基础，这样的训练有助于开拓研究者的视野。艺术考古研究和西方艺术史研究一样，在图像、文献甚至田野调查数据的基础上展开，涉及很多学科（现在比较流行的词叫"跨学科"，但笔者不甚赞同此说，毕竟文化是没有办法完全分割开来的）。作为以古代中国文化为主要研究领域的艺术考古，除了接受系统的历史学、考古学训练外，民俗学、图像学、人类学方面的知识也很重要，尤其需要接受关于金石学、古文字学、简帛学、考据学、历史地理学等方面的专业训练，这些知识融合在一起，可以形成一个立体的知识结构，使研究者养成根据问题特点来设计研究思路，根据问题的复杂性与具体条件来决定使用何种方法进行研究的习惯，这与石涛所谓的"无法之法"有相通之处。"问题导向法"的中心是问题，问题的解决是唯一的目标，研究方法的建构或者应用完全根据解决问题的需要，可能由多个方法组合成一个新的方法，也可能是从某个方法中抽取出具体的一个步骤，这些方法（或它的具体步骤）之间的联系只在于问题意识。当下视觉形象材料研究所面临的问题已经不能再囿于传统艺术史方法或考古学方法，出土和传世视觉形象材料的数量、种类在不断增加，要求我们形成一种可以适应其增容、比较弹性的研究方法。先确定问题，然后在试错的基础上，稳步地建构研究方法体系，这种体系是一系列方法的有机总和，而不是某一种方法，这样才能成为解决艺术考古问题的有效途径。一个问题的解决之法对于另一个问题而言可能无法复制，只能作为参考。以汉代出土的博山熏炉为例（见图2-9），它的设计非常有特色，从文献与出土实物来看，它其实是汉武帝执政时期由专门的机构特地设计出来的器物，其造型特点显示了完美的结构与成熟的风格特征。已有研究认为它的造型特点与某种特定的观念联结在一起，具体是什么观念却无人能够说得清。笔者亦对此非常感兴趣，经过长期的考察和研究，并结合文献记载，最终发现甲骨文中有些信息与它有关。因此将研究方法转到了文字学，通过对相关古文字的研究与解读，找到了疑为博山熏炉样式设计的文化渊源。[①] 这样的研究方式既不是顺流而下，也不是逆流而上，而是一个发散思维的过程，即把问题当成媒介或者线索，把文字、图像全部串在一起来建构答案。实际上，"问题导向法"的研究模式，本质是由一个人发起的"头脑风暴法"，是创造条件、解决问题之法。

　　为了进一步认识"问题导向

图 2-9　汉代金黄涂竹节熏炉

---

① 练春海：《博山饰源流考》，《民族艺术》2013 年第 5 期，第 134~139 页。

法"在艺术考古研究中的学术价值，2017 年 3 月，笔者在以"制器尚象：中国古代器物中的观念与信仰"为题的学术研讨会中，有意地把不同学科门类、不同历史时期、不同器物类型的研究放在一起讨论，使参会研究者的观点在一个熟悉而又陌生的群体中发生激烈的交锋和碰撞，从而增进大家对艺术考古研究的感性认识，这场学术研讨会可以说是别开生面，参会的学者都觉得非常有收获。研讨会结束后，笔者请与会专家根据自己在会议中的交流情况，对论文进行深入的调整，效果非常理想。这些论文最后分为上下两册结集出版，① 学术界同人对这部文集的反响也比较好。

除了如上所述三法，笔者以为如下几点虽然不能称为研究方法，但亦颇为重要。

第一，在研究过程中要适度地发挥想象力。想象力很重要，它是让视觉材料说话的必要条件。图像学研究方法受到最多诟病的莫过于被认为研究者"过于强调直觉"，把并不可靠的猜测当作论据，因此结论采信度低。艺术考古研究以出土古代视觉材料为基础，在某种意义上，也同样面临着通过直觉来把握图像意义的困境。实际上，不仅仅是图像学研究受到这样的质疑，民俗学或者人类学的一些常用研究方法（如利用口述史料来探讨学术问题等）也同样受到不同程度的发难，但这并不能说明图像学或口述史研究就有问题。首先我们要回顾一下学术研究中发挥"想象力"的意义所在。想象力在对任何未知领域的探索中都发挥着极其重要的作用，学术研究亦是如此，没有想象力，学术就无法推进。但学术想象不是"信马由缰"，举考古学这门以技术与规范著称且与艺

---

① 练春海主编《制器尚象：中国古代器物中的观念与信仰》，新北：花木兰文化出版社，2018；简体版略有调整，参见练春海主编《制器尚象：中国古代器物文化研究》，广西师范大学出版社，2021。

术考古研究关系非常密切的学科为例，大多数学者都会注意到它的"科学性与技术性"，注意到用比例尺、测绘图以及客观文字、精确数字所撰写的发掘报告，而忽略了报告结论中所包含的假设、推断与想象部分。事实上考古发掘报告在讨论墓主身份、所属年代时，很少有不借助想象的情况，科学的、合理的想象是得出正确结论的必要途径。以马王堆一号汉墓为例，考古学家马雍对墓主人的身份以及一号汉墓下葬年代的推测就非常合理，这个推测后来被二、三号墓出土的实物所印证。图像作为历史证据肯定有双重特性，正面的特性具有建构意义，反面的特性就是陷阱，其实这种陷阱并不是图像所独有，传世文献也同样会有，误会、曲解、传抄讹误比比皆是，有时甚至无从核查与校正。笔者曾编译过《戴梅可：重塑中国的往昔》一文，[①] 戴梅可是加州伯克利大学历史系的资深教授，学术态度非常严谨。她在研究中通过认真比较相似的文献，复核史料的来源，谨慎地揭示了有时我们信以为真（甚至是铁证如山）的证据是如何不堪一击。实际上，无论是图像还是文献，其最可靠的部分并非那些直接"被表达"出来的东西，而是如彼德·伯克所谓的"可见中的不可见性"，[②] 这一点很重要。基于此，笔者以为，艺术考古研究的首要任务不是去关注材料的性质、来源等问题，关键要看所选用的材料是否支持研究拟提出的结论，这种支持不是表面上的契合或断章取义式的削足适履，而是去粗取精后与材料本质的丝丝入扣。比如，笔者曾对陕北绥德东汉杨孟元墓后室口门槛石上发现的题刻"阳遂"二字做过研究（见图 2-10），由于这两个字在该墓中所出现的位置比较

---

① 练春海：《戴梅可：重塑中国的往昔》，载朱青生主编《中国汉画研究》第 4 卷，广西师范大学出版社，2011，第 390~399 页。
② 〔英〕彼得·伯克：《图像证史》。

奇特——位于门槛石下方，因此有不少学者对其意义提出了多种可能的假设，拙见以为那些推断都未能拿出有力的证据，唯有"工匠名字"与"某种事物"之说尚可商酌。笔者通过查找有关的文献，最终剔除"阳遂"为工匠名字之说的可能性，提出它可能为一种器物或与之相关的仪式（名称）。虽然论证的过程比较复杂，但是那些极易为人所忽略的关键要素或细节都被重新诠释了。[1] 当然，即使是在图像学研究的范围内，对于想象力问题，教育背景不同的艺术史家的态度也不尽相同。德国大学教育体系培养出来的艺术史家总体偏向严谨，而美国大学教育体系下培养出来的艺术史家相对宽容。因此对待同一个现象，两类学者在阐释时，允许的想象空间和思维发散程度也不完全一样。皮亚杰（Jean Piaget，1896–1980）认为："人文学科以从事无数活动的人作为研究对象，而同时又由人的认识的活动来思考，所以人文学科处于既把人作为主体又把人作为客体这样一个特殊的地位，这自然会引起一系列既特殊又困难的问题。"[2] 人文科学是以人类的社会活动与思想为基础发展起来的一门学问，不像自然科学，即使离开想象，还有物理、化学这类独立于人类活动之外的自然反应可以证实，人文科学的结论很多时候是不可以被证实的，如果不靠想象力开疆拓土，那我们的研究最多只能得到满天繁星一般的认识，虽然丰富却如一盘散沙，而不会出现像"大都无城"这样高度抽象和概括的结论。[3] 因此，笔者以为，人文科学相对于

---

① 练春海：《汉代墓葬语境中的阳遂》，《民族艺术》2013 年第 1 期，第 133~139 页。

② 〔瑞士〕皮亚杰：《人文科学认识论》，郑文彬译，中央编译出版社，1999，第 64 页。

③ 许宏通过对三代以降一直到明清时期中国古代都城发展的研究得出结论，认为中国从二里头时代开始，直到秦汉时期的首都大多数都不存在城郭，城郭是魏晋以后才发展出来的，魏晋之后才"无邑不城"。参见氏著《大都无城：中国古都的动态解读》，生活·读书·新知三联书店，2016。

图 2-10　杨孟元墓门槛石题刻

自然科学来说更需要想象空间，发挥想象力相当重要，但是想象力有没有价值以及如何实现这种价值，就要落实到具体的论证过程中。在思考学术问题、撰写文章以及处理论文的不同部分时，想象力承担的角色是不一样的，要经历一个从放到收的过程，正如胡适所言，要"大胆的假设，小心的求证"。[①]

　　第二，孤证也要立。前面说过，人文学科其实很难用实证说话，换句话来说，就算有很多性质不同的证据指向某一个结论，充其量也只能

① 参见胡适的《治学方法》一文，该文系胡适于 1953 年 12 月在台湾大学的演讲稿，原载于 1952 年 12 月 7 日台北《中央日报》、《新生报》。

说明该结论有一定的可信度，其实这与"孤证不立"遵循的是同一个逻辑。区别仅在于数量，我们甚至都不能说证据越多就越可靠。有时因为条件所限只能找到孤证，如果不抓住唯一的机会进行阐释，那么就只能留下假说，但即便是假说亦有其价值，这总比不对问题进行任何思考、探索要强。其实在艺术考古研究中，孤证是经常遇到的情况，孤证可以分为两种：一种就是独一无二的，只有一个例证；另一种是只在某种情况或条件下出现例证。比如，在山东微山地区出土的汉代画像石上体形巨大的鸱鸮图案（见图 2-11），以及在陕北地区汉墓中所见到的大量博山熏炉画像（见图 2-12），在其他地区均极其罕见，所以也属于孤证。巫鸿在他的学术研究著述（如《武梁祠——中国古代画像艺术的思想性》）中就经常使用孤证。作为学术研究中的一种尝试与挑战，使用孤证的意义在于，对于罕见的现象进行尝试性的探讨，整合目前可能的数据、线索，先把推论提出来，聊备一说。将来或许会出现反面例证，但并不表示现在的研究毫无意义，因为目前的结论会给更多研究者带来启发，深化学界对相关问题的理解和认识，推动研究朝纵深方向发展。更何况将来出现的反例未必就会推翻现有结论，有时可能会从另一个角度来证明这个结论的正确性。当然，使用孤证就像过独木桥一样，在论述的过程中研究者需更加严谨，可采用情景模拟或者思维逆推等方式进行辅助性的检查。

第三，要避免"主动误读"。早期文化艺术的研究还会因为如下几个方面的发展而延伸出新的问题：其一是由于研究方法的改进与突破，其二是由于考古实践取得重大收获，其三是由于科学技术的新发展。以科学技术的新发展为例，近年来出现了一个比较流行的新概念——大数据。它是一门新兴的科学技术，涉及数学、计算机科学与统计学。这门技术

图 2-11　微山两城镇出土画像石局部

的出现跟互联网的发展有关，现在人们越来越容易通过网络快速收集样本极大的数据（样本接近总体），而且可以运用高速计算机或者云计算方法来快速解决复杂的运算，这在以前是办不到的。由于统计方法的落后，以及资料和信息传递方式的落后，过去不仅获得原始数据比较困难且周期长，质量上也大打折扣，现在这些问题都得到了很好的解决，科学技术上的突飞猛进不仅给自然科学研究和发展带来便利，同样也给人文学科的研究带来福音。但是大数据只是一个工具，其计算的结果最终还是要通过合理的诠释才能得出更可靠的结论。同时，技术有其粗暴的一面，大数据收集到的数据有可能是抹杀个性而仅存最没有意义的数值，如此一来就与研究的目的背道而驰了。因此，主动误读的情况并不会因工具的改良而减少，所以艺术考古研究者不可养成过分依赖技术的习惯。

图 2-12 博山熏炉画像

主动误读有时就是技术运用不当引起的连锁反应。以汉代的车马出行图为例，关于汉代画像砖、画像石中车马左行还是右行以及这个方向所带来的意义已经有很多人做过研究，虽然不同的研究者统计的结果都稍有差别，但总体上两种方向出行的马车数量实际上是比较接近的，要有差别的话，主要也体现在收集数据方式、范围以及样本的不同上，这不是本质问题，当然由此造成的结果也只是一个统计学残差问题，即便统计科学再怎么发展，这个结果仍然不会有多大的改变。但笔者在仔细分析前人的统计资料后发现一个特点，即此前所有的研究者都把画像砖与画像石混在一起统计，于是笔者提出一种假设，如果把画像砖与画像石分开统计，结果会如何？事实证明，这样做至少在两个层面上得到了区别于以往研究的结果：一是同种材质（画像石或画像砖）中的车马出行方向其实很一致；二是画像石与画像砖中车马出行图所表现出来的方向基本相反。经过仔细的揣摩，笔者发现，画像砖中的马车基本是模印的（见图 2-13），因此砖上的图案与印模上的图案是一个镜像关系，即行车方向相反。所以，画像石上马车的图案与画像砖印模上的车马出行图案（的粉本或格套）本质上是一样的，即它们的行进方向相同。如此一来，笔者就在前人研究的基础上向前迈出了一步，对车马出行方向及相关问题提出了新的观点。[①] 不囿于僵化的思维，大概是我们最需要提倡的一个原则。对于早期中国文化的许多问题，研究者们几乎已经形成了一套如同条件反射般的答案，碰到讨论带有怪物、异兽的图像或出土文物就会往辟邪功能方面靠拢。

图 2-13　斧车出行画像砖

① 练春海：《汉代车马形像研究——以御礼为中心》，第 178~182 页。

许多研究基本上都带有先入为主的观念，为了附和这套四平八稳的"标准答案"，研究者往往会有选择性地"看到"一些细节，而"主动"地忽略另一些细节。

"主动误读"还有一种情况，那就是在研究的过程中，尤其是在阅读文献和检索材料时，"主动选择"和"主动忽略"一些信息。这样一来，似乎从表面上看，研究者所引用的材料"完全"支持他的观点，但是那些被忽略、被放弃或被有意摒除的材料，或许才能够表明其研究中的不足以及可能的方向。

第三章

# 艺术考古与视觉再现

艺术考古的视觉再现，指的就是公开发表、展示研究者或学术团体的科研成果时，所提供给读者或观者的图形图像材料，目的在于配合文字或者语音，诉诸读者、观者的形象思维，使交流更为多元、立体、直观。视觉再现经历了三个发展阶段：第一阶段是原始状态的纯手工阶段，这个阶段的再现通常不借助任何有科学技术含量的现代工具，仅采用那些利用古老的传拓方法获得的拓片，或者通过人工摹印的图像，以及徒手绘制的线图来呈现对象；第二阶段开始使用一些电子、机械设备，包括相机等快速记录工具和投影仪等精确的辅助图像绘制工具，科学、快速以及高效地记录和绘制图像；第三阶段则利用计算机技术，通过 3D 建模及数字化处理，再现和还原事物的图形、图像及事物之间的空间关系等。这些先进的再现手段，使得视觉形象的呈现不再停留于二维的平面传达上，而是随着科学技术的发展，进入三维甚至是四维的立体传达上。

科学的再现手段是进行艺术考古研究及发表研究成果的利器。不当的再现会影响信息的准确传达，非但不能达到增进交流的目的，还不利于研究论证过程的推进和研究结论的推导。就目前而言，再现问题在艺术考古乃至我国广大人文学科的学术成果上都没有得到足够的重视。当然，随着我国学术界与国际学术界的交流日益频繁，也有一些学者和机构已经着手进行了尝试性的专题探索。如有些学者就努力地让图像在文本中的作用更加突出，而不仅仅是证明文中所言不虚，要让图像成为一种叙述方式或语言，而不是辅助性的插图或证据。这种叙述如果离开图像（的有效传达），那么将成为无法阅读的天书，如此一来，图像在研究者的学术再现中就成为非常重要的一个环节。①

# 一　再现的需求

## （一）再现的作用

《现代汉语词典》对"再现"做如下解释："（过去的事情）再次出现。"②这里强调一个前提，即事物的"再现"是对一个已经消失的对象在另一个空间中的"复现"，这个对象"消失"的原因可能是时空易位，也可能是事物真实地从现实中消失了。作为艺术考古研究中的一个关键词，"再现"指的是借助一定的手段，部分地或整体地记录出土实物遗存以及保存该遗存的整体环境，并在另一个空间（包括二维、三维甚至四维的空间）中通过一定的方式或方法，使出土实物遗存以及保存环境可以被人的知觉（主要是视知觉）正确感知。再现的目的是，在实物遗存以及有关的原生状态空间缺失或被破坏的情况下，我们可以依据一定的信息逻

---

① 徐胭胭：《考古学与艺术史研究——郑岩教授访谈录》，《艺术设计研究》2010 年第 2 期。
② 中国社会科学院语言研究所词典编辑室编《现代汉语词典》（第 7 版），商务印书馆，2016，第 1629 页。

辑和信息秩序，间接建立起对它们的感性认识。换言之，就是我们在不搬动、不截取原始器物或空间的前提下，可以有效地异地传递或呈现有关信息。事物的视觉形象是否可靠，主要取决于再现手段的科学性和对假想读者需求的判断，再现的手段是客观的，但读者的需求却是主观的，使物理形象跨越时空的障碍得以在另一个空间彰显是再现的根本目的。

## （二）再现的重要性

在艺术考古研究中，再现显得尤为重要，理由有很多：第一，许多古代文物已经消失，[①]或是在某种特殊的情况下，我们虽有可能见到古代文物的本来面貌，但无法保存（如很多出土的文物刚出土时还完好如初，一旦暴露于空气中，其颜色、气味、材料便在极短的时间内被毁坏或消失）；第二，出于保护文物的目的，采取一定的保护措施以避免或限制过度的光照，[②]保持恒定的温度、湿度，减少腐蚀等，使一般人士（包括普通研究者）无法近距离观察那些文物古迹，甚至无法得见；第三，有些实物遗存体量庞大或者固定不可移动，[③]其整体或局部处于阴暗、潮湿、险要等不便于观察的地方（见图3-1）；第四，有些实物遗存的体量超出常规范围许多（见图3-2），普通的观察方式其实很难让观者建立对它的整体性把握和认识；第五，出于安全的考虑，某

---

① 比如，（a）实物已消失（仅存历史记录），如阿富汗巴米扬大佛；（b）虽有实物遗存，但实物的原有环境遭到破坏，实物与实物之间的关系已消失（凭借历史记录难以恢复），如众多从我国各大石窟盗卖，散布世界各地的佛头。

② 这一点包括：（a）通常情况下，不允许对文物进行拍照，以免闪光灯对它们造成破坏性的影响；（b）有些情况下，文物展示只能使用极暗的光线，以尽可能地减少破坏。

③ 包括两种情况：（a）遗存本身固定于某处；（b）除展出之外，大多数时候文物本身也较为长期地被存放于某个固定场所，轻易不取出（或打开）察看，因此一定程度上也是不可移动的。

图 3-1　郘君鲜铜鼎底部

些贵重的文物虽允许观摩，但其周围设置有诸如防弹玻璃罩之类的保护和安全隔离措施，<sup>①</sup>严重影响观察（图 3-3 所示为河南省博物院展陈的一套 1996 年新郑金城路郑国祭祀坑出土的编钟，由于编钟体量较大，而且前有玻璃罩，因此无论从哪一个角度观看，视觉效果都深受反射灯光的影响）；第六，出于文化产权等方面的原因所采取的措施（包括限制拍摄等）。这些理由使得再现成为信息传达，尤其是在艺术考古研究中一个重要的手段。

## 二　再现的方法

对于那些传世或出土的诸多古代实物遗存而言，在目前的（科学）

———————————

① 有些文物本身被置于一壁龛状展柜中，限制了观察的视野和角度。

图 3-2 航拍考古发掘区

图 3-3 郑国祭祀坑出土春秋时期编钟

技术条件下可以或有望实现的信息再现途径（笔者称之为再现方法），大致可归纳为如下七种。

第一种为利用拓片。拓片通过拓制方法形成，一般来说，拓印可以分为传拓、响拓和颖拓等。其中传拓（又称椎拓或摹拓）最常见，以传拓方式获得的成果也是学界最常应用的拓片类型。传拓是古人把器物表层图形、纹饰和铭文等复制下来的一种相对便捷的方法。它大致的工作过程是：通过一定的方法使一层薄纸（通常为宣纸）完全覆盖（或紧贴）于器物表面上，然后根据需要，部分或全部打上墨汁、朱砂或其他颜色，使之显现出相应的图形或符号，最后揭下候干。宣纸经过拍拓着墨（或着色）以后，成为能够全面或部分反映器物或碑刻等事物最表层特征或痕迹的拓片。拓印是典型的中国传统再现方式，从拓印的最终效果来看，拓片的制作技术自从它成型以来就没有发生过较为显著的变化。传拓这种手法的优点和缺点都非常明显。这种方法的优点在于：拓印的形象比例准确、轮廓分明、对比强烈，具有剪纸一样的效果，适于浅浮雕的表面图像复制；缺点在于：人工打拓不精确，而且画面的效果容易受原物的表面特征、材质，拓制工序的安排，拓制工具的精良程度，技师个人审美能力、技术水平、心理特质（如耐心程度等）的影响。传拓在表现形式上主要可以分为平面拓和全形拓，全形拓在拓制的过程中，为了实现立体效果，还辅以剪纸、线描，甚至透视等技法，因此具有"说明性"的特点（见图3-4）。如果制作者有一定的素描写生基础，并且对图形轮廓要求比较严谨的话，所制拓片可以做到较为真实、客观地反映实物遗存的特征。传拓可以说是极具中国传统文化特色的一种再现手法，这种手法的发展、成熟与金石学的关系密不可分。许多金石学家对于拓印都非常重视，

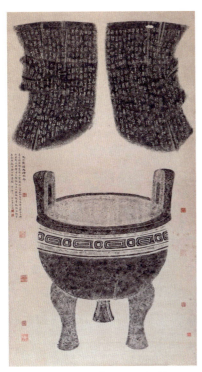

图3-4　陈介祺旧藏毛公鼎全形拓

陈介祺对于传拓的作用和要求以及拓工的素质都有非常精到的认识，他说，"传古不可不多拓，多拓不可不护器"，"良工心细或亦能为之，而不如读书人解古篆刻者之所为也"。①

响拓的实质是"临摹复制"，本应写作"向揭"，与传拓有天壤之别。关于"响拓"的具体做法，黄伯思在《东观余论·论临摹二法》中说得比较清楚："谓以薄纸覆古帖上，随其细大而揭之，若摹画之摹，故谓之摹。又有以厚纸覆帖上，就明牖景而摹之，又谓之响揭焉。"②详加区别，我们会发现，响拓相对于一般的临摹而言，使用的纸张较厚，但临摹与响拓的本质大致还是比较接近的。郭玉海认为，二者最大的区别就在于，响拓是"向光勾摹"。③文物史上最著

---

① （清）毕沅：《关中金石记》，丛书集成初编本，商务印书馆，1936，第20页。

② （宋）黄伯思：《宋本东观余论》，中华书局，1988年影印本，第139页。

③ 郭玉海：《响拓、颖拓、全形拓与金石传拓之异同》，《故宫博物院院刊》2014年第1期，第145~153页。

名的响拓作品大概就是故宫博物院所藏唐代冯承素摹本《神龙本兰亭序》，其字迹灵动、自然程度可与真迹相媲美（见图3-5）。其实，除了制作拓片时要求纸张与原作紧密贴合这个共同点之外，响拓与传拓的区别是相当大的，主要体现在以下四个方面。一是制作者的身份不同。在历史上，响拓的制作者多为造诣较高的书画艺术家，社会地位高。而传拓的制作者则大多数为文化水平较低的工匠，社会地位较低。二是所拓的对象不同。响拓的对象多为纸质的珍贵真迹、原作，而传拓的对象则多为立于郊野的碑刻。三是制作工具不同。响拓用的是毛笔，传拓用的是扑子或擦子。四是效果不同。除了刻意仿造拓片效果外，响拓与传拓要达到的效果完全不同。响拓作品通常要求与原作一致，而传拓的对象如果是阴刻（构成形象的痕迹为凹陷的线条或块面），则拓印出来的为阴文（白字），如果传拓的对象是阳刻（构成形象的痕迹为凸出表面的线条或块面），拓印出来的则为阳文（黑、红等色的文字）。

颖拓则与传拓、响拓不同，它的制作手法虽然与响拓有些相近，但是采用的是默写的方式，即把记忆中或想象中的器物、书画作品画成拓片。颖拓作品虽然具有拓片的效果，但是我们只能将其看作绘画作品，即一种像拓片的创作，而不是拓片，因此一般情况下较少作为学术研究的再现工具使用。

第二种为使用线描图。线描图的形式其实是多种多样的，如国画中的白描、手稿中勾勒的草图，都可以算作线描图，但这里主要是指那些严格遵守透视规律，反映实物结构特点、形状、比例等特征，通过手工的方式或利用各种辅助采集、测量数据的设备，根据器物表面可见的起伏转承结构和纹样特征，以均匀流畅的线条（线描图中的线条宽度根据

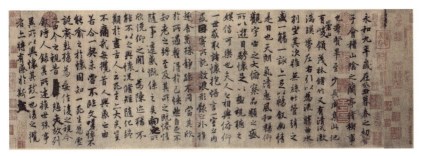

图 3-5　唐冯承素摹本《神龙本兰亭序》

需要可以有些变化）为主要技术语言，勾画出来的
轮廓图样（见图 3-6）。这种再现方式所记录下来的
内容尽管是客观的，但因用来表现物象的语言已经
高度符号化（如其最主要的语言"线"通常代表被
压缩的面或本身并不存在的线、面），因此比较难以
反映实物遗存对象的材质、质感等特点。

　　此外，还可以利用计算机辅助程序来生成线描
图。[①] 这项技术对绘制文物线描图有极大的帮助。以
往线描图的绘制，通常不少于三道工序：先是人工
绘制好底图，然后用专业制图笔、模板等工具把底
图复制到硫酸纸上，最后晒成蓝图或者直接用超大

---

① 有关的研究很多，如刘建明《古代壁画图像保护与智能修复技
　术研究》，博士学位论文，浙江大学，2010；王杉《敦煌壁画的
　交互式线描生成技术研究》，硕士学位论文，天津大学，2012；
　等等。

0　　　　　6厘米

图 3-6　铜仙人骑狮器线描

复印设备对底图进行复印。在辅助程序的帮助下，线描图的绘制程序可以调整为：先用辅助设备提取所要绘制线描图的对象的图片，利用计算机辅助程序生成矢量线图，然后在电脑中进行必要的调整和修改，最后生成线描图。利用辅助程序绘制线描图，大大节约了制图时间与人力成本，同时因为是程序生成的电子图像，保存、修改、提取都极为方便。

　　第三种为使用说明图。有时即使是将采用不同视角的多幅线描图组合在一起，也不能完全反映我们观察到的结果，比如凹陷部位的结构、被外层结构遮挡的细节等。为了能够准确地说明实物遗存或空间遗址的结构和形状的特点，就需要对"完整"①的形象或空间做出解

————————

① 此"完整"与器物遗存或场所遗址本身的完整无关，而与假设的"为便于观察而去除某一部分后的不完整状态"相对应。

图 3-7　铜铃说明

剖式的假设，常见的方式是在图像中按计划"切除或剖切"掉其中的一个局部，让在正常情况下实物或空间被遮蔽掉的内部显现出来，并结合包括局部剖切、旋转剖切、改变比例、横断等形式，将可能的结果表现为相应的效果图（如剖面图、旋转剖切图、截面图等）。说明图在理论上实现了随意切割器物的可能性，图像所呈现出来的结果与事实有一定的出入（包括实物是完整的而图像表现为不完整，图像所描绘的某些细节含有推断成分，等等），因此具有说明特征。包含说明性质的其他再现手法（如用来说明情况的线描图等）亦可归入此类。说明图比线描图效果更胜一筹的地方在于它可以更加立体、全面地展示事物，从而解决实物不可随意切割的问题（见图 3-7）。

以上三种方法使用了在没有任何辅助的机械或电子设备条件下均可以实现的再现形式，中国古代的金石学研究一直沿用这些再现形式。如果说它们是再现方式的"冷兵器"，那么接下来说到的几种形象再现手法就是艺术考古研究的"热兵器"了。

第四种为利用照片。照片是使用各种摄影器械或尽可能逼近物理现实的光影成像技术，获取可见的外观或事物内在组织、微观结构的影像图片。摄影器械包括普通机械式摄像机、数码摄像机及各种具有特殊影像捕捉技术和能力的拍摄器材。其技术处理包括前期处理和后期处理两类：前期处理与获取图像的仪器应用有关，包括摄像机和透析扫描仪等仪器的使用技巧；后期处理主要指还原技术，如暗房冲洗技术和利用软件进行适当取舍、修复和调整的技术等。[1] 作为一种静态的再现图像，照片具有高效、便捷的特点，是艺术考古中使用最多的再现方式之一。在艺术考古研究中，照片经常还会与后期加工相结合，比如把拍摄时略为杂乱的背景用单一的背景色替换或者直接去除，以突出主体；或者通过手绘的方式补充一些线条，使之具有说明的味道。如 2016 年出版的"秦文化特展"图录中，有一组石甲胄照片，作者用计算机软件在其中勾勒出人形，加强了如何使用的说明效果（见图 3-8）。[2]

　　第五种为运用复原图。是指根据相关的理论研究成果，用数字的方式来模拟或复原现实中并不存在或曾经存在但消失了的完整的三维形象。复原图所恢复的实物可能是破碎的物体（如罐子）或倒塌的建筑（如祠堂）等，因此必须找到它的部分碎片或被各种原因分解开的各个局部才能作为复原的依据。复原图其实有两种类型，另一种是传统的复原图，它不需要现代设备或条件辅助，直接对着残缺之物描绘出实物完整的外形，可以被视为说明图的逆向操作，这是因为说明图是假设去除实物或遗存的一部分，而复原图则是根据实物或遗址残留的碎片或局部假设出实物或遗址的完整形式。其实考古发掘部门或博物馆有关部门根

[1]　通过这些方式来获得图片的目的在于，可以有效地排除实物中某些成分对再现效果的影响，或者让事物的属性、位置、形状及其他相关信息得到最佳的呈现。

[2]　蔡庆良、张志光主编《秦业流风：秦文化特展》，台北故宫博物院，2016，第 99 页。

图 3-8  秦代石甲胄使用示意

据碎片所修复的器物（见图 3-9），都应该被视为一种"复原图"的物化（或固化）形式。

第六种为应用三维扫描图。这种方式依赖坐标定位，使用三维扫描仪或图像摄录仪器，通过扫描不同角度、位置获得信息，经过电脑的综合处理，最后合成与实物相一致的三维影像。三维扫描有接触式和非接触式两种类型。

这种图像目前在很多石窟与墓室壁画的展览中经常被采用，关于根据再现效果进行研究的例子，可参考四川绵阳碧水寺所藏"开元寺石佛"的扫描图（见图 3-10），[①] 但就所见的图像来看，其效果并不好于

① 参见四川文物考古研究院、四川大学艺术学院、绵阳市文物局《四川绵阳碧水寺藏"开元寺石佛"调查》，《四川文物》2009 年第 2 期，第 16~21、52 页，三维扫描图见封二。

图 3-9　淅川东沟战国墓 M27 出土陶器组合

高分辨率专业相机拍摄的照片，可见此类扫描图像的主要功能在于展示，如根据其电子图像进行各种测量，或者观察某些通常不易观察到的角度，等等。目前三维扫描技术在色彩、质感等表现方面还不是特别成熟，有进一步提高的空间。这种图像扫描方法对事物表面的起伏要求较高：事物表面起伏大，再现效果相对好些；事物表面较平坦，再现效果就会差些。如果扫描时提高图像的分辨率，那么后期处理的难度就会加大。总的来说，这是一个发展方向，很多博物馆的在线展示或数字化的博物馆都着力于此，并且取得了非常可喜的成绩。这类扫描图对于艺术考古研究来说更多的是代表一种未来发展的方向。

　　第七种是利用数字模拟图像。这种图像重点在于"模拟"，因此实物遗存是否存在，或者品质如何并不是关键。如果实物完好，那么通过模拟可以对被打散的一组物质遗存进行组合、拼装，恢复其原始的立体

图3-10　开元寺石佛的三维扫描

状态或空间结构，或探讨某种事物的使用方法等；若实物不存在，则可以通过模拟的方式重构已经消失或者破碎的实物遗存的完整状态。这一点与复原图有相似之处，但是复原图是平面的，而数字模拟图像是立体的。目前这类技术被大量地用于器物、建筑（墓葬）的模拟，如北京大学汉画研究所、杭州师范大学汉画研究所等一些汉代画像研究机构就尝试利用对汉画像石墓的虚拟模仿来研究它们的空间关系以及空间与图像的关系（见图3-11）。[①] 数字模拟图像与三维扫描图有所区别。三维扫描图与实物原则上是一致的，而模拟既可以在实物扫描图上进行添加、组合、修改等数字运算，也可以完全是虚拟的模型，或者在上述两种形式的基础上进行调整。

此外，需要特别提一下的就是虚拟现实技术（Virtual Reality，简称VR），它是另一种数字模拟的图像，只是所模拟出来的（众

① 张峰：《海宁汉画像石墓的数字虚拟研究》，载《大汉雄风——中国汉画学会第十一届年会论文集》，高等教育出版社，2008，第497~504页。

图 3-11　汉代墓葬的三维模型

多）三维形象不是主体，而是某种特殊的环境。
这种技术的出现，改变了观者的体验。VR 中的虚
拟环境其实就是利用了上文提到的三维扫描、数
字模拟等再现技术。但 VR 技术的出现实际上对
再现技术提出了更高的要求。在能够进入被再现
的虚拟空间之后，人们就开始对所呈现物象的质
感、温度、味道等感知体验提出更为具体的要求。

　　至于发表研究成果时选择何种再现形式，影响
因素主要表现为以下四点。一是与发表成果的时代
有关。例如拓片，它在一千多年前就是一种重要的
再现方式，在科学的观察与记录出现之前，它甚至

是最可靠的再现形式，因为人为的干扰最少。二是与具体形式的成熟程度有关。如三维扫描技术已臻成熟，但因为分辨率较低或者对主机芯片的计算速度要求较高等因素，还没有成为重要的再现方式，相信随着信息技术和数字化程度的发展，科研成果展示和发表形式将会更为多样化（过去主要是以纸媒的发表为主），一些新的多媒体呈现方式将逐渐取代某些传统再现方式的地位。三是与研究者能否获得最原始的物质遗存数据有关。前文所提到的情况均假设研究者可以直接获得原始数据，而事实上除了文博系统相关工作人员外，大多数研究人员其实并没有这样的便利，他们对再现方式的选择，主要源于已经公开发表的文献，因此又多了一层影响因素，诸如印刷质量、期刊发行渠道的畅通程度、研究者所处的地域等。四是与再现目的或场合有关。如果是用于学术讨论或论著发表，以说理为主，那么在再现方式的选择上，研究者可能会倾向于选择一些简单、便捷的静态再现方式。但如果是在演讲、展览的场合，那么一些具有动态效果的三维再现方式就可能会更容易被选择。当然，影响的因素远不止于此，此处不进一步展开讨论。以下就围绕怎么选择再现方法这个问题做进一步探讨，这包括两个层面：一是通常情况下艺术考古研究者如何选择再现方法；二是科学的再现应该是什么样的。

## 三　再现的选择

### （一）基本原则

#### 1. 便利原则

我们可以从四个维度，即时间维度和构成空间的三个维度（长、

宽、高）来观照所要再现的对象。通常情况下，实物遗存所占据的时间
与空间关系可以分为两种。一种是指实物遗存与时间构成的统一关系，
即实物遗存的保存状态与时间流逝构成一一对应的关系。比如，一座矗
立在四川渠县的汉阙，阙身上的雕像历经千年的风化，其细节可能几乎
看不见了，只留下模糊的轮廓（见图 3-12），时间在雕像的身上是有
烙印的。另一种是指实物遗存与时间的内部统一关系，即实物遗存的内
在特征会反映实物生成或制作所消耗时间长短的特点。比如长城，它作
为一个整体，是从明代一直到今天，从修建到修复，不断生成的一个事
物。两种统一关系不可截然分开，因为我们研究的对象可能有悠久的历
史，或者经历了漫长的制作和生成周期，这个周期可以是连续的，也可
以是非连续的。任何一件事物，它在生成的同时，其实也开始了腐朽或
败坏的进程，因此再现对象的特殊性决定了时间成为选择再现形式的重
要维度之一。例如一件壁画遗存，其制作周期可能长达数月甚至数年，
而其画面采用了不同的色料和媒介剂，或在不同时期经历了覆盖性修改
或再创作。对于这样一件作品的再现，要让信息获得者能够完整地认识
并展开对这件作品的有效研究，就必须考虑到再现时，务必使信息获得
者认识到这些遗存呈现在三维空间的特征有些其实是受第四个维度（即
纵向的时间维度）影响的，因此如果此时采用数字化的立体再现，结果
可能要比简单的线描图要好得多。① 在静态的图像中，无论是被压缩在
二维平面上的三维形象，还是呈现在虚拟空间中的三维电子化形象，反
映第四维度都是一个难题，直到动态图像（或影像）的出现，视觉再现

---

① 还有一种情况值得我们注意，那就是一件作品的制作是以多种手段（如雕刻和绘画）来
完成的，而这些手段有时是交错的，那么在对作品进行复原时就要考虑不同手段的使用
顺序。

图 3-12　四川渠县无名阙铺首

这类形象才有解决的可能性。目前，关于这方面的讨论不多，有待于进一步的探索。我们要考察的重点在于构成作品实体（或实物遗存）的三个维度的空间再现。

实物遗存由三个维度构成，并且可以再分解为二维和一维两个层面。作为再现形式，一维不列入考察的范围，而二维至四维则是通常条件下选择再现形式的依据。

平面上的图形图像再现 ① 至少有五种选择。一是照片。它是根据小孔成像原理，在二维的平面上模拟三维物象，因此它最大的特点就是事先假定了一个固定视点（人眼在感知实物时，其实是两个相隔一定间距的视点分别获得图像，最后在大脑中合成立体形象），不能给人以

① 通常简称为平面再现，但平面再现实际上可以表达两种含义：一种是指在平面上再现；另一种是指再现平面的对象。为避免模棱两可，文中不使用简称。

立体的知觉体验，不是真正的三维再现，对于要求不高的再现需求，如对纵深感无须精确反映的再现情况，这种方式是可以满足的。但是，如果详加辨别不难发现，很多照片都有鱼眼变形、远景模糊、色彩偏差等失真的情况。因为一般的相机为了能够容纳更多的图像，往往设计成可以调焦、变焦，或牺牲一定的成像品质来缩短成像时间等，而专业的摄影，如高清的文物照片，一般要求专门布置灯光，采用定焦相机镜头、快门线、反转片等工具和材料来摄制，所以要获得一张理想的照片其实并不简单。二是线描图。它一般不表现事物的质感、材料等要素，描绘者通过对原有形象的仔细辨认，将可靠的形象以明确的形式再现于画面上，它虽然可能存在描绘者误读的危险，但画面一目了然，因此对于再现那些表面粗糙、磨泐严重的物体而言，这是一种理想的选择。三是拓片。拓片接近于事物表面的剖面图，可以让观者知晓事物的凹凸起伏，尤其是对器皿、浮雕等图案的再现很有帮助。四是说明图。这种图本身具有研究性质，能够用于说明复杂的内部结构，所以比较常用。五是复原图。在没有实物（更不用说照片）的情况下，有时这是必然的选择。

空间中的三维图像再现有以下两种选择。其一，三维扫描图。它类似于照片，所不同的是前者要事先建构一个虚拟的三维形象，便于研究者（可以通过旋转图像）从不同角度来分析事物的结构关系以及其中各个部分的图案纹样。其二，数字模拟图像。它是以数字技术为依托建立的图像，是目前唯一可以反映四维变化的图像。但是由于简单的视觉信息在数字化的过程中会变得无比的复杂，模拟的成本非常高，所以数字模拟仍未成为三维再现的主流，从而由实验研究阶段转向应用研究阶段。相对而言，利用数字模拟来形成场景，在空间中建立交互体验的

VR 技术发展得要比三维扫描更快，这得益于它与游戏开发的紧密结合，实际上这种技术也可以加强人们与文物遗存之间的互动关系。以秦兵马俑坑为例，通常观众只能被限制在参观台上远眺那些密密麻麻地排列在坑道中的陶俑（见图 3-13），但 VR 技术的应用可以让人们近距离地观看那些兵马俑的细节，甚至是直接"站"在队伍中，去感受一下军阵的氛围。现在有很多博物馆都在尝试使用这种技术。当然 VR 技术目前还有很大的缺陷，如存在系统存储、传输硬件发展跟不上需求，人机感统不协调等诸多问题。

所要再现的信息可以分为色彩、材质、尺寸、形状、肌理、结构、保存状况、伴随状况等，而每一种再现方式事实上都可以同时向读者传递多种信息。反过来同理，若要再现某一类信息，通常可以有多种选择。对于在具体场合下选择何种再现形式，这取决于便利原则，即

图 3-13　秦兵马俑二号坑

以最简明的再现形式来满足再现的需求。这是一个排列组合的问题，通常情况下有经验的研究者会优先选择最容易获得的和最熟悉的形式来实现再现。而这种"自然而然"的形成过程，实际上暗合了贡布里希所谓的"预成图式"原理，换句话说，即再现方式的选择要符合便利原则。

### 2. 优化原则

理想的再现方法，指的是在所选用的一组再现形式中，每种形式都有着明确的分工，并且都能够最大限度地实现研究者的再现意图。理想的再现形式也是最经常为人们所选用的方法，而选择何种再现方法是有惯例可循的。惯例的作用相当于模板：一方面，惯例的出现基于前人或研究者本人早期经验的总结，它可以最大程度地节约试验能耗；另一方面，惯例也有负面的作用，容易形成惰性，使研究者不再关心如何发掘再现方法的潜在表现力，遑论探索新的再现方法。就艺术考古学研究的情况来说，许多学者但凡遇到再现需求就诉诸照片，而不论照片是否能够恰如其分地向读者传达其所要传递的信息。[①] 遇到墓葬结构的再现，习惯于借助墓葬空间的平面图、剖面图的方式来呈现；遇到表面花纹复杂的器物，就利用展开图来呈现（见图 3-14）；等等。但在科技发展日新月异的今天，再现的方法其实是很容易被超越的，在再现的历史上，后来出现的方式通常都是较为理想的方式。因此，我们在根据惯例来选择再现方法时，首先应该遵守的惯例就是，尽量选用更新、更科学的方法来实现再现，此即优化原则。

---

① 如果拍摄文物时，光源来自相机的下方，照片便会出现视错觉效果，凹凸颠倒。

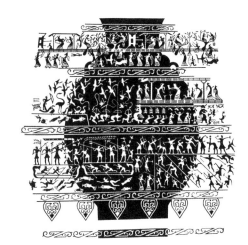

图 3-14 战国铜壶纹饰平行示意
展开

## （二）科学的再现

### 1. 再现冲突

研究者对于再现方法的选用会潜意识地遵从上文所提到的两种原则，然而这两种原则并非万能的。有些方法虽能够传递多种信息，却不能有效地传递特定信息。比如说明图就无法像照片那样直观地传递信息，而照片又不能够反映内部结构信息，问题是有时候我们不能同时使用两种图像，这就造成了困境。[①] 这种困境就是选择何种再现形式时所遇到的冲突，简称"再现冲突"。

---

① 说明图固然也可以直接用照片作为主要图形，再辅以各类剖面图，但是加在其上的用以表示剖切位置等的假想线条会破坏画面的直观性。

## 2. 问题溯源

再现选择时所依据的便利原则和优化原则其实在具体应用时都存在或显或隐的不足，根源在于以下两点。其一，传统的再现方法已经不能够满足多元化的艺术考古研究需求，尤其是经过艺术史的洗礼，中国的艺术考古研究从传统的金石学思维开始向科学的理性思维过渡，更加强调缜密的逻辑结构和语言结构。其二，复合的再现方法虽然在取代传统再现方法上向前迈出了一大步，但其步伐与现代传播中的再现语言相比，显得笨拙而无力。以线描图为例，线描图最基本的功能在于再现事物的主要轮廓特征，但若在上面增加各种剖面，标注各种尺寸和符号也是可以实现说明功用的。然而问题在于，一方面，如果一张线描图既要表现原物表面图像学的特征，包括形象设计、布局安排等，又要说明其结构特征、物理特性等，无异于两个音量相近的喇叭同时向听众播放不同的音乐，二者相互干扰，影响信息的传达。这一问题在古代文物的艺术考古研究方面显得尤其突出。另一方面，要用来取代线描图的再现工具、方法还存在着可行性或完善程度较低的问题。

## 3. 解决思路

根据上文对再现冲突产生根源的剖析，结合当前的各种再现技术或方法特点，遵照扬弃原则，可对各种再现方法的功能进行符合时代特征的调整，并以此来制定艺术考古研究中的"再现原则"。笔者所提出的再现原则有两个层次，第一个层次是静态的，第二个层次是动态的。前者是指总结当前各种可能被艺术考古研究者所应用的再现方法，总结它们的特点，根据各方法之所长做出分类，使研究者可以按需套用。但是随着新技术的出现，有些方法会慢慢地被淘汰。后者以保持"最近更新"为特征，理论上在套用这些原则时，都要先更新一下技术和方法，确保研究人员在使用这些再现方法时用的是最新版本。如果用计算机软件来作比较，静态的再现方法就像一次性软件，而动态的再现方法则是可升级的、与整个呈现理论保持同步更新的注册软件。

4. 科学评价

笔者从再现冲突所引起的问题出发，提出对再现方法的科学评价（以下根据时下的技术水平和特点，做一个简短的评价仅供艺术考古研究者选择再现方法时参考。具体选择时还应检索最新动态，以提高图像信息传达的时效性）。

首先是针对单一媒介视觉形象再现方式的选择。

（1）纸质媒介。①再现事物外观及空间关系时，可选用照片。主要适用于对再现色彩、肌理、材质、保存状况及空间关系等要求不严格的情况。透析类照片可以反映内部结构关系，不足之处在于容易受光影的影响。②明确事物外观及空间关系时，可选用线描图。线描图适用于明确物体表面图案的形状、轮廓等特征，尤其是在原图案受损较严重时可采用。③截取事物的表面特征（或是在一定程度上对立体形象做平面化处理）时，可选用拓片，拓片不像照片那样容易受光影的影响，又有强烈的对比，可以把浮雕的内容转移到平面上，不足之处是可能会失去浮雕纵深层次的信息。④解析事物及其内在结构时，可选用说明图，其不足之处是不易传达可以直接感受的质感、光洁度等方面的信息。⑤复原事物及空间关系时，可选用复原图，可以在平面上恢复事物的"原初"状态。

（2）数字媒介。除了可以利用上述五种在纸质媒介上的再现方法外，另外还有两种再现方法也可选用：①旋转扫描图，可以三维再现立体形象，质同照片；②数字模拟图像，可以三维或四维模拟事物及其空间关系，质同复原图。

其次是复合媒介的视觉形象再现方式的选择。

所谓复合媒介，是指对于某一种事物的再现使用多种媒介，而不是单一的媒介方式。可以细分为两大类，一是"纸质媒介 + 数字媒介"，二是"数字媒介 + 数字媒介"。无论选择哪类方式，要先确定其中一种再现方法为主要再现形式，另一种则为辅助再现手段。主要再现形式的选择参考单一视觉形象再现方式的选择，辅助再现手段的选择则要求尽量与主要再现方式构成一种补充关系。

在"纸质媒介 + 数字媒介"组合中，可以只在纸质媒介中出现主要再现形式，或只在文本中列出辅助再现形式的目录或索引编码，[①]而将辅助再现形式收入电子媒介中；或者可以在纸质媒介中建立可供索引的全部缩略图。[②]

在"数字媒介 + 数字媒介"组合中，存在两种情况：一是涉及不同的硬件；二是涉及不同的软件。第一种情况可参考前述方法，即列目录或缩略图。而后者只要在涉及再现需求的相关文字或图像中建立超链接，阅读时将鼠标或其他信息感应指针对准特定的文字或符号就会显示相应的图形图像，鼠标或指针离开则图像页面关闭或消失。界面上不会

---

① 这是一种新型的复合再现方式，通过在纸质媒介中置入二维码，可以非常方便地使用一些普通图像输入设备或光电扫描设备（如手机）进行识别，随时播放相应的静态或动态的图像或声音。

② 可参考孙振华编著《中国美术史图像手册》（中国美术学院出版社，2003）的做法。

出现文字中断或插入画面等排版要求，从而减少对读者阅读的干扰。①
若是在 VR 环境下，则需要在引入再现环节建立人机感应结构。

关于视觉再现的研究在国外已经取得了丰硕的成果，但是在国内却长期处于边缘状态，近年来虽然取得了一些进展，但始终还是比较欠缺的。比如一些学术著作经常会把一件作品的图像排成横跨两个页面，这实际上会给读者的查阅造成困难。而有些作者也习惯于使用随手拍摄的图片，图片中的文物是手持的，或者构图是倾斜的，非常不严谨。又如，博物馆对于物品的摆放和参观路线的设置没有仔细研究，因此视觉再现的效果并不理想。人们参观的时候只能看到文物的一面，当然，有些文物的呈现看起来是下了很大工夫的，比如在微小物件上置一枚放大镜，但是有些呈现明显没有认真考虑。又如有些文物本来就细小，与参观者的距离非常远且又拉上安全线，根本就看不清细节。

目前国内的视觉再现水平与国际先进水平相比，还有很长的一段路要走。最近十来年，我国在利用数字化技术展示文物成果方面有了很大的投入，很多大型的国家级或省级博物馆开展了很多实验性的、创意性的展示探索，在再现方法研究上也取得了较为长足的进展。一些重要的展览还配合线下的宣传进行网上的动态展示，有些甚至还是全视野的展示，但是这些还远远不够。而且除了那些可能带来经济效益的视觉再现方式以外，其他方面的研究基本上还是在原地踏步。在此，笔者仅就以上的探讨做一个小结。

第一，要重视再现方法的基础研究工作。再现方法是视觉再现理论的本体理论。再现方法的探索工作与它是否受到足够的重视、是否有相

———————

① 目前，这一类再现形式被运用于最新的阅读方式，如立体的、声光电结合的电子书等，它们都是正在发展的多媒体复合再现形式，更新换代很快。

应的投入有关。而唯有作为学术传播的基础性工作得以扎实的构筑，学术研究的质量才有提升的空间。

第二，要加强资料源的学术性开放。再现方法与被再现的对象息息相关，如果脱离被再现的对象，就无从谈论再现方法及再现理论研究。加强资料源的学术性开放，让更多的学术研究者可以更容易接近研究的对象，使再现研究成为一个拥有广泛参与对象的学术问题，这是有效推进再现研究的途径。

第三，要建立相应的数据库。有些文物或遗址确实不宜或不易为众多研究者所接近，有关部门应组织人员建立相应的数据库，无偿提供给学术研究人员使用，为我国学术研究工作的长远发展奠定基础。

第四章

# 艺术考古与研究材料

# 一　材料分类法

学术研究是建立在层层递进的推理之上，以达到对问题的认识与解决的。通过推理，研究者从一节点进入到下一节点，并且在材料有力的支撑下，越来越接近真相的彼岸。关于材料，现在有很多相关的讨论。拙著《汉代车马形像研究——以御礼为中心》中，有专门一部分（研究方法提要的第三部分"材料取用"）对此做了总结，现摘录如下。

关于材料的取用方法，朱青生老师在其博士论文《将军门神起源研究：论误解与成形》中提到三等九级法，九级依次为：第一级为事实，第二级为描述事实的调查，第三级为事实的描述，第四级为文学与艺术，第五级为传闻，第六级为经验推测，第七级为非相关研究涉及的问题，第八级为相关研究，第九级为典册工具书。他认为就资料的真实程度而言，第一级为最高，就学术的水平而言，第八级为最高。三等九级法对中国古代文化的研究具有重要的参考价值。

近年来，中外汉学家对于如何客观地再现中国的历史、如何客观地面对研究中国古代历史所遭遇的证据问题，做出了诸多探讨。对于材料问题，戴梅可教授指出，即便是科学发掘的材料也未必就可靠。因此，拙见以为，在选用材料时，除了遵守三等九级法，尚须对如下几点加以关注：

第一，鉴别材料的真伪程度。此处所谓的真，指材料所反映出来的断代、版本、归属等信息与材料的各个细节的相关属性具有同一性。鉴别材料真伪程度的目的在于判断材料在何种程度上可以用来说明问题。传世文献经历代学者的编撰、删改与刊刻，其中不乏传抄讹误。然而，出土文献也未必完美无瑕，它们仅能说明此类文献被掩埋之时的面目。同样，碑刻也存在被改刻、删除乃至重刻的可能，露于地面者自不必说，再葬墓的发现证明，墓葬自掩埋之后，还存在被重新利用的情形，墓中的砖刻、石刻（如某些带有铭文的柱石）可能被更换。就传世文献而言，完全可靠的材料几乎不存在，因此，材料不能简单地鉴别为真或为伪。有时材料尽管是伪造的，但却能够用来说明其所仿造对象的某些特征，因此材料未必非唯真实，但鉴别其真伪是第一步，鉴别真伪的目的在于正确地、恰当地利用材料。

第二，区别材料的粗细程度。材料因材质与原初作用的不同而有粗糙与翔实的区别。翔实的材料蕴含着丰富的信息，而且此类材料在制作或创造上投入了较多的劳动，因此，在微观方面的信息、内容可靠程度较高，技术性的信息就较多；粗糙的材料所携带的信息虽少，但是此类材料更能反映某种抽象的内容，因为造作时间短暂，所以粉饰的成分就会较少，故其宏观方面的信息较为可靠。

第三，注意材料所反映信息的显晦差异。有些材料所反映的信息一目了然，学术价值不高，但却最易被发现和利用。有些材料在刚完成时亦能很好地反映信息，但由于语境的缺失而变得隐晦，有些材料本身就是隐晦的，这些材料虽然不易破解，但学术价值较高。因此，所谓的利用新材料，不仅是指利用新出土的材料，也包括对旧材料中语焉不详的文献、未明所喻的图像进行重新释读和发掘。①

除了以上讨论之外，近年来，中国民间博物馆如雨后春笋般蓬勃发展，在各种文玩市场、文博拍卖会上，个体收藏家都非常活跃，民间收藏日益丰富，有些人甚至还在比较正式的出版机构出版了图录、研究性专著，因此，学者们不得不面对这些"新"材料，而这些材料素来没有正式的发掘信息，同时也没有比较权威的鉴定结果来支持，但是它们又的确非常精美，那么，我们要如何对待这些材料呢？这确实非常考验艺术考古研究人员。

笔者以为，有两点应该特别值得我们注意。首先，不论材料来自哪里，我们都需要慎重地判断其年代与文化属性。最近越来越多的发现表明，国家收藏中也有不少赝品或至少年代存疑的文物作品。而且随着造假水平的提高，假文物只会越来越多，越来越难以甄别。因此，我们有必要认真对待所援用的材料。其次，不论是国家机构还是民间机构，甚至是国外的机构，我们都争取利用其中的好材料来研究问题。除了对实物的利用之外，对于图像也是如此，比如拓片和照片。在国内的一些博物馆，特别是省、市一级的博物馆，由于管理上

---

① 参见练春海《汉代车马形像研究——以御礼为中心》，第11~13页。

相对宽松，馆藏的一些书法水平较高的碑刻就被人们不断地用来打制拓片，以至于现在有些碑刻上的字迹都开始模糊，甚至消失不见了。还有些文物则因为一些特殊原因，比如国家动荡、战乱迁移等，早就佚失或残损了。像这类情况，早期制作的拓片就比现在制作的拓片保留的信息更多，具有更高的学术价值，而那些早期拍摄下来的文物照片，可能因此成为不可多得的孤品。

除此以外，还需要作两点必要的补充。

一是关于民间收藏的利用问题。民间收藏很复杂，相比于国家机构的收藏，前者有很多伪造品，当然不是说后者没有，后者中以假乱真的情况对会少一些，毕竟有专业的鉴定人员在把关。因此，民间收藏在以往的学术研究中，基本不被当作参照和利用的对象，但是现在也有一些学者在以一种开放的态度来对待民间的学术资源，审慎地加以利用。

二是关于海外学术资源的利用。海外收藏和民间收藏在性质上其实是比较一致的。海外收藏有两个重要的渠道：其一是早年借由欧美在中国的传教士之手转移到海外的文物；其二是近年盗墓者或走私者贩运出去的文物。关于二者的来源信息，其实都很不详细。

下面就基于这两类材料，探讨利用它们进行艺术考古研究的可行性及方法问题。


## 二　民间的材料

时下在学术界，有一个话题经常会惹起争议，即民间收藏的文物材料（古董或者旧物）是否可以用作学术研究的证据？其实争议本身是没有意义的，因为所谓的"民间材料可靠与否"是一个伪命题。

　　一方面是因为各大博物馆均有大量直接从民间征集而来或是从拍卖会上竞拍回来的文物，这些文物遗存虽然经过专家鉴定，但也不能百分之百地确保它们是可靠的。例如，中国汉画学会于 2007 年曾举办了一个汉画像石拓片精品展，其中有一件来自私人收藏的拓片，命名为《拜谒庖厨图》（见图 4-1），该拓片也被纳入所编图录正式出版。从图版来看，拓片中的图像分为上下两层，上层中部人物垂足居于一几之上，头上所戴之物帻不像帻、弁不似弁，笔者怀疑这张拓片源于一件伪制或仿刻的假汉画像石。汉代画像中人物凭几而坐的情况不少，但一般不会露出足部，此拓片表现的显然不是人物凭几而坐，而是高坐于几上（此处显然又是制假者的一个误会，几在汉代通常为凭依之用的凭几，或是踩踏之用的乘几），双足垂于体前"跂据"，这种坐姿在当时是极其无礼的。源于"虏俗"的跂

图 4-1　伪刻画像石拓片

据，五胡乱华之后才在北方宫廷中开始出现。[①] 当时连胡床都还没有，怎么可能会有这种坐姿呢。跂据在中国的流行，其实与佛教的盛行，还有中国古代建筑内部空间的提升有关。

另一方面是因为民间有很多的实物遗存确实是收藏者祖上所获，并以代代相传的方式传承下来的，有些是在文物市场尚未兴起时购得的，有些则是在极为偶然的情况下获自古代墓葬。比如，新中国成立前一些暴露在荒野的画像石、画像砖经常被老百姓拿回家中当作建筑材料用以修造围墙或者猪舍，直到画像石、画像砖开始在文物市场上流通后，才被有意地从这些建筑中拆卸或替换下来。[②] 毫无疑问，这些材料都可以作为证史材料来使用。此外，人类学、民俗学、社会学的研究也大量地使用从民间获得的一手材料，可见来自民间的材料不是不可以用，而是要怎么用，关键是如何去伪存真。

传统的观念之所以认为官方材料，或者是经过官方正式披露的材料可以作为证据来使用，是因为存在一种信任，认为来自官方的资讯一定比较可靠。这种认识既有合理性，也存在一定的风险。合理性是，现在供职于国家文博系统中的文物专家，多数经过系统的专业教育、培训，或者是经验丰富的专门人士，对出土文物或者传世文物有较好的鉴别能力。之所以说这种观点也不完全正确，是因为国家对有关人士进行专门培养是新中国成立后的事情，相对于中国文物的鉴定、收藏历史来讲，这段历史极其短暂。新中国成立以前，除了受皇家之命到民间征集古玩、文物的专员之外，并没有固定的官方机构或政府专门人员去研究古

---

① 杨泓：《古物的声音：古人的生活日常与文化》，商务印书馆，2018，第29~35页。

② 汉代画像石、画像砖的价值虽然很早就为金石学家所注意到，但是其在文物市场中的价值却是近几十年才被发现的。

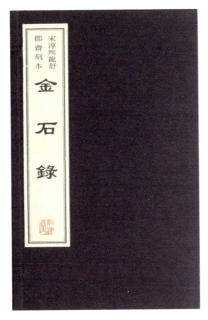

图 4-2　龙舒郡斋刻本《金石录》书影

物。中国早期的一些金石学专家都是民间的自学成才者，或者他们的研究、收藏、鉴定行为都是自发的。如宋代《集古录》的作者欧阳修、《金石录》（见图 4-2）的作者赵明诚，虽然都身兼要职，但他们撰写金石学专著，并无官方意图的介入。又如《考古图》的作者吕大临，虽然记录了当时宫廷收藏的大量古器，但是也没有证据显示他是受朝廷指派而为。历代民间高手比比皆是，有些甚至借此成为大收藏家、大鉴定家。历代统治者或官方征集文物在很多时候都要依赖于那些活跃在民间的专家，如王世襄、启功等人就是其中的典型。相比之下，大学教育系统培养出来的专家往往缺乏足够的实践历练，经验未必比得过造假之人。如此看来，这种一味地相信官方材料的观念本身就不可靠。

接下来笔者就结合一个具体的个案研究来讨论如何利用民间材料进行艺术考古研究，研究中用到的证据材料全部来自民间的私藏（包括私人美术馆和私人博物馆）。其实在进行这项研究之前，笔者并未设想要去做这样的一个尝试，研究所呈现的特点完全是巧合。通常情况下，笔者也倾向于使用正式发掘或出版的官方材料来支持自己的学术观点，如此一来，在证明材料可信度方面可以省去不少气力，毕竟遭到质疑的概率会低很多，更最重要的是，材料、观点均有确切出处。

中国的历史非常悠久，长达数千年，在这个发展与变迁的过程中，大量的文物被掩埋于地下，与此同时，又因为历代兴修水利、兴建工事、盗墓毁陵以及地震水患等种种人为的或自然的异动，古物又陆陆续续地从地下出土。《周易》就记载了天生宝物"河图洛书"。[1] "武帝末，鲁共王坏孔子宅，欲以广其宫，而得《古文尚书》及《礼记》、《论语》、《孝经》凡数十篇，皆古字也。"[2]《晋书·束皙列传》亦载："太康二年，汲郡人不准盗发魏襄王墓，或言安釐王冢，得竹书数十车。"[3] 而皇帝更是热衷于古物的发现，《史记》曰："始皇还，过彭城，斋戒祷祠，欲出周鼎泗水。使千人没水求之，弗得。"[4]《汉书》亦载武帝因得宝鼎而改

---

[1]《周易·系辞上》："河出图，洛出书，圣人则之。"参见《周易正义》卷7，载（清）阮元校刻《十三经注疏附校勘记》上册，中华书局，1980，第7.70b（82b）页。

[2]《汉书》卷30《艺文志》，中华书局，1962，第1706页。

[3] 关于竹书的出土时间有争议：一说为咸宁五年（279），以房玄龄为代表；一说为太康元年（280），以杜预为代表；一说为太康二年（281），以荀勖为代表；一说太康八年（287），以孔颖达为代表。其中杜预乃当时之人，其说最可靠，即竹书出土时间当为太康元年。参见《晋书》卷51《束皙列传》，中华书局，1974，第1432页。

[4]《史记》卷6《秦始皇本纪第六》，中华书局，1959，第248页。在《封禅书》中另有说法："其后百二十岁而秦灭周，周之九鼎入于秦。"参见《史记》卷28《封禅书第六》，中华书局，1959，第1365页。

年号为"元鼎"，作颂歌（《宝鼎歌》）。① 社会上还出现了古物鉴定的专家，据《汉书·郊祀志》所记，汉武帝有一件"故铜器"，无人能识，唯独李少君一见便知"此器齐桓公十年陈于柏寝"。② 不论这些记录是传说还是史实，都说明了一件事，那就是收藏、研究文物的历史源远流长。有些出土文物（古人称之为"宿藏物"）由历代的收藏者或收藏机构有序地传承下来。③ 相对于漫长的古代文物发现史，科学考古发掘文物的历史在我国地下文物出土的历史中其实只是极为短暂的一段，即使是在引入科学考古发掘之后，文物出土的旧有方式仍然存在并且占据很大的比例，比如盗掘，所占比例最大。④ 就收藏于世界各地博物馆或私人手中的中国古代文物而言，通过科学考古发掘的方式所获得的数量在其中所占的比例是很小的，何况在这些考古发掘的文物中，还有很大一部分虽然出土了，却一直锁在库房之中，因此我们在研究过程中，不免会遇到这样的尴尬情况：很多时候难以在正规发掘或出版的形象材料中找到理想的物证，但在民间流传和收藏的材料中却大量存在。

　　我们就从一块有"电转"榜题画像砖的文字释读开始说起，其实这个话题倒与寻找材料的尴尬无关，而是材料本身比较新颖。初见该画像砖之时，笔者并没有想到真伪问题，这大概是研究者与收藏者之间最大的区别

---

① 《汉书》卷 6《武帝纪》，第 181、184 页。

② 《汉书》卷 25 上《郊祀志》，第 1216 页。

③ 宫廷收藏方面，如海昏侯墓中出土的提梁卣。参见江西省文物考古研究所、首都博物馆编《五色炫曜：南昌汉代海昏侯国考古成果》，江西人民出版社，2016，第 62~65 页。个人收藏方面，可以参考的有吕大临撰的《考古图》《古董琐记》等。

④ 中国盗墓的历史非常漫长，形式多样，具体可见王子今《中国盗墓史》，九州出版社，2007。

所在。在一个以汉代文化研究为中心的学术会议上，笔者还专门对"电转"画像做了一个简短的报告，[①] 提出了一个粗略的研究观点，这个观点在当时并没有引起什么争议，倒是报告本身成了一个导火索，引起了与会人员的激烈争辩，辩驳的焦点在于笔者所选用的材料是否可以作为学术研究的证据。这个讨论促使笔者展开了关于应用民间材料来研究学术问题的进一步思考，并在吸收有关学者们意见与建议的基础上完成并发表了关于"电转"研究的专论，[②] 下面就以此为例，对在艺术考古研究中如何处理和取用这类材料的思考、探索过程以及所得经验做一个回溯。

首先介绍一下笔者在研究过程中所用到的几件来自"民间"的实物材料。第一件是出土于河南周口地区的一块带有铭文的力士画像砖（见图4-3）。这块砖的制作年代约为西汉晚期至东汉初期，因为残断的关系，所以原砖的尺寸无法知晓，残留尺寸为宽17厘米、高14厘米。资料显示，残砖的表面尚有两副完整的模印力士形象，人物的毛发非常茂盛，髭须飞扬，作瞋目张口状，戴冠著履，皆着宽袍大袖之衣。靠左侧的一个模印人物（人物甲）动作比较夸张，一手持斧（或椎）状物，高举过头顶，面朝右向作行走状，人物形象的右上角有铭文；靠右侧的一个模印人物（人物乙）正面朝外，抱手蹲踞，人物形象的左上角亦有铭文，右上角为一形象的局部，疑似野猪。收藏者郭大刀把两处铭文分别释读为"电转"和"夏育"。[③]

---

①　2012年10月22~24日，山东博物馆、山东省石刻艺术博物馆主办"汉代石椁画像与汉文化研究"会议。

②　这个研究的部分内容以《勇士申博图像考》为题发表在《文物》2015年第5期（第74~79页）。

③　郭大刀：《阅汉堂藏两汉画像砖》，新华出版社，2009，第123页。

图 4-3　周口出土画像砖

　　另一件为出自河南扶沟县的画像砖（见图 4-4），[①] 砖面画像主体为四组人物形象（人物丙，见图 4-5），与三组阙形建筑间隔排列。人物造型完全相同，系使用模印手法制成的图像。人物左向单膝下跪，头戴力士冠，身着短衣大绔，右手上举，左手扬斧。阙形建筑物高三层，底层阙檐上生长植物两株，二层阙檐上立两只鹡鸰，顶层阙檐上也立二鸟，一为鹡鸰，另一只疑为鸱鸮[②]。画像砖近两条长边的外侧模印棱形纹，其余部位填充以夔纹。原砖残余尺寸为宽 29 厘米、长 72 厘米，系西汉晚期物品。此砖画像被郭大刀命名为《持斧武士、建筑》图，但对画像中的榜题未予释读。

　　前两件画像砖均由郭大刀私人收藏。类似的画像砖还有河南荥阳出土的一对门柱（见图 4-6），年代约为西汉晚期至东汉初期，尺寸均为

---

① 　郭大刀：《阅汉堂藏两汉画像砖》，第 25 页。

② 　从图像上看鸟身上部立起两组茸状物像鸱鸮的毛角。从汉代画像中常见鸱鸮立于屋顶或树顶的情形来看，此鸟为鸱鸮的可能性也较高。参见拙文《汉代艺术与信仰中的天梯》，《民族艺术》2009 年第 4 期，第 43~54 页。

图 4-4　扶沟出土画像砖

图 4-5　扶沟出土画像砖局部

高 77.5 厘米、宽 18.5 厘米、厚 18.5 厘米，现藏于山东青岛崇汉轩汉画像艺术博物馆。该博物馆为收藏家张新宽利用自己近 30 年的收藏所创建，2016 年起获得政府的运营支持。崇汉轩的这对门柱保存相对完好，每件门柱正面均用同一个印模印出五个人物形象，其余部位饰以同心圆纹和斜线纹。其中右侧开口门柱（左门柱）上所印人物形象（人物丁，见图 4-7 左）的构图与人物甲有相似之处，脸部亦朝右侧，作行走状，不同之处在于人物下蹲的程度没有人物甲那么明显，且右手朝下，但手腕的具体动作不详，同时因脸部朝向的原因，面部表情也不是很清楚，画幅左上角有铭文"成荆"二字；左侧开口门柱（右门柱）上的人物造型（人物戊，见图 4-7 右）与人物乙相近，瞋目张口，作蹲踞姿势，两手亦相抱于腹前，头朝左前方，画幅右上角有"夏育"二字。两门柱上的人物均表现出毛发浓郁的特点。

图 4-6　河南荥阳出土门柱画像砖

图 4-7　河南荥阳出土门柱画像砖局部

　　显然，这几件画像砖作品所具有的一些共同特征成为将它们放在一起讨论的基础。问题是它们的来源不是官方收藏机构或者权威书刊（包括收录于权威出版社发行的图录或学术期刊中的图片），这让它们的可信度大打折扣。我们判断一件古物是不是伪造物或赝品，从原理上讲并不复杂。因为伪造的事物往往都有原型，有现实的来源，找到原型就有可能揭穿造假的事实，但实现起来却没有那么简单。因为"道高一尺，魔高一丈"，有时候造假者根本就是在复制一件实际存在的物品，并且他们会利用最先进的技术进行仿造。发达的高科技手段既是人们探索、研究、保护古代文化的利器，也给制假者提供了便利。① 所以，鉴别古物的真伪往往

---

① 有些文物出土时已经非常脆弱，不宜（长期）暴露于光照条件下或恒温、恒湿条件较差的展览空间中，或者不宜长距离移动，因此制作逼真的仿制品进行展示就非常有必要，这是一种具有积极意义的仿造，但是大多数制假都是为了牟取暴利。

最终只能落实到那些不能捉摸的感觉（比如"趣味"）上去。因此我们争取从一个更加可靠的方式着手，有效地解决这个棘手的问题。显然，直接证明这件作品的真伪难度非常大，但如果换一个角度去思考，我们或者有可能绕过或者超越这个问题。因此，笔者便暂时将这个问题搁置一边，回到引起笔者注意的问题上来。最初是因为郭大刀的文字释读让笔者产生了"别扭、怪异"的感觉，"电转"完全不像一个人名，尤其不像古代人名。我们知道古人取名比较讲究，那些即使在当时比较普通甚至粗俗的名字，因为时代的差别，今天听起来也会觉得非常古雅，比如"瞽叟""桥牛"。① 正是这种直觉，让笔者产生进一步去探索的欲望，追究的结果不外乎有三种：其一，先秦两汉时期确实存在"电转"这样的人名，即"电转"为真；其二，这几块画像砖是现代人蹩脚的造假，即"电转"为假；其三，是未知状况，超出了笔者的预知，即可能"不真不假、非真非假"，不妨归入其他的范畴。那么到底会是哪一种呢？

我们先看看能否在历史文献中发现一些关于"电转"其人的蛛丝马迹，解决人物的身份问题。前面说过，这几件画像砖作品所表现的人物形象有一定的共性，我们且顺着这个思路往下分析。在进行图像研究之前，要先梳理一下三组画像砖中所涉及力士的相关文献，删去重复者，共得 8 条。

（1）《韩非子·守道》："战士出死，而愿为贲育。……贲育不量敌则无勇名。……故能禁贲育之所不能犯。"②

---

① "瞽叟"原是上古传说中的人物，他的父亲叫桥牛，儿子分别为舜与象。

② （清）王先慎：《韩非子集解》，钟哲点校，中华书局，1998，第 202 页。"贲育"几乎成了指代力士或勇士的专有词语，如《后汉书·冯衍传》所载的"勇冠乎贲、育，名高乎太山"句；唐代元稹《批刘悟谢上表》有"况以克融、廷凑之狂脆小贱，比朱滔、田悦之炽大结连，是以孩婴而校贲、育也"句；宋代苏轼《留侯论》中亦有"虽有贲、育，无所复施"的说法；清代黄遵宪《赤穗四十七义士歌》有"况复五百年来，武门尚武，国多贲育俦"句；等等。

（2）《淮南子·齐俗训》："孟贲、成荆无所行其威。"高诱注："成荆，古勇士也。"何宁案："荆卿又称庆卿，为荆、庆古通之证。"①

（3）《史记·范雎蔡泽列传》："乌获、任鄙之力焉而死，成荆、孟贲、王庆忌、夏育之勇焉而死。死者，人之所必不免也。"许慎曰："成荆，古勇士。"裴骃集解引《汉书音义》曰："或云夏育，卫人，力举千钧。"②

（4）《汉书·司马相如传》："臣闻物有同类而殊能者，故力称乌获，捷言庆忌，勇期贲育。"颜师古曰："孟贲，古之勇士也，水行不避蛟龙，陆行不避豺狼，发怒吐气，声响动天。夏育，亦猛士也。"③

（5）《战国策·韩策二》："勇哉！气矜之隆。是其轶贲育而高成荆矣。"④

（6）《汉书·广川惠王刘越传》："其殿门有成庆画，短衣大绔长剑，去好之，作七尺五寸剑，被服皆效焉。"颜师古注："晋灼曰：'成庆，荆轲也，卫人谓之庆卿，燕人谓之荆卿。'师古曰：'成庆，古之勇士也，事见《淮南子》，非荆卿也。'"⑤

（7）《抱朴子·辨问》："夏育、杜回，筋力之圣也。荆轲、聂政，勇敢之圣也。"注："夏育，周时卫人，大力士，能举千钧，见《史记·范雎传》及注。杜回，秦之力士，见《左传·宣公十五年》。"⑥

（8）《孟子·滕文公上》："成覸谓齐景公曰：'彼，丈夫也；我，丈夫也。吾何畏彼哉？'"⑦

---

① 何宁：《淮南子集释》，中华书局，1998，第821~822页。
② 《史记》卷79《范雎蔡泽列传第十九》，第2407~2408页。
③ 《汉书》卷57下《司马相如传第二十七下》，第2589~2590页。
④ 《战国策注释》卷27《韩策二》，何建章注释，中华书局，1990，第1036页。
⑤ 《汉书》卷53《景十三王传第二十三》，第2428页。
⑥ 王明：《抱朴子内篇校释》，中华书局，1985，第225、232页。
⑦ （清）阮元校刻《十三经注疏附校勘记》，第5.37a(2701a)页。

从上面的一组文献中，可以看出夏育、成荆二人和孟贲、乌获、任鄙、王庆忌、杜回、荆轲、聂政等人一样，在汉代都是家喻户晓的古代力士，这些力士的画像甚至还被人们当作门神来使用（见图 4-8），从这个层面来讲，这些人物的本质是相似的，出现的场合似乎没有什么规律可循，既可以出现在门区周边，也可以作为补白，在搭配上其实是非常随意的。文献中关于成荆的记载非常有限，我们大概也就知道他或名成庆、成觑，是春秋时期齐国的力士。至于夏育，除了知道他是春秋战国时期卫国的力士之外，再也找不到其他相关记录。在文献上，我们发现汉代的记载中还存在另一个夏育，但此人是东汉后期著名的将领，灵帝时曾担任护羌校尉、[①]北地太守，[②]以假司马的身份随段颎大败羌人，[③]后任护乌丸校尉，与田宴、臧旻等出击鲜卑，大败而返，最后被下狱，贬为庶人。[④]这个夏育是汉末极有军事才能的一个将领，但文献上找不到他孔武有力的记录，作为军人，在体能上自然不弱，但与前面提到的那些力士相比恐怕还是有很大差距的。同时，上文所提到的画像砖有些制于西汉晚期，因此可以排除力士画像中的夏育为东汉人的可能性。

到此为止，我们可以初步肯定，与"电转"图像相关的人物画像都是力士，但唯独没在古代文献上找到关于"电转"的只言片语。检索当代的研究资料和文献可知，在笔者之前还有其他学者对这一问题有所关注，比如杨絮飞在其编撰的《中国汉画图像经典赏析》一书中也使用了图 4-3 所示的画像砖，但图像细节与笔者所引略有不同，且来源不明，

---

① 《后汉书》卷 58《虞傅盖臧列传第四十八》，中华书局，1965，第 1880 页。

② 《后汉书》卷 8《孝灵帝纪第八》，第 336 页。

③ 《后汉书》卷 65《皇甫张段列传第五十五》，第 2150 页。

④ 《后汉书》卷 8《孝灵帝纪第八》，第 339 页。

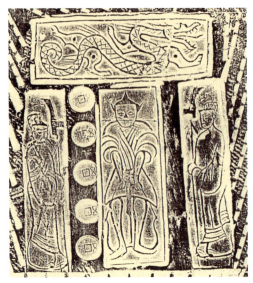

图 4-8　门吏、蹶张士画像砖

或许经过了一定的后期处理，可以肯定的是它们源于同一个人物形象的粉本或格套，杨絮飞将画像中的人物直接解读为"雷公"和"风伯"。[①]对于这个说法，有一个非常大的疑点：为什么"雷公"与"风伯"的画像上出现了"电转"与"夏育"的榜题呢？二者之间有什么关联？由于汉代阴阳五行观念已经成系统，那么图像上有可能是"一文一武"两种正反对立角色的组合，用来传达力量上的均衡。所以，我们接下来要做的工作就是探讨一下"电转"图像与力士图像之间是否具同质性，即证明"电转"是一个力士，或者情况正好相反。

汉代可以归入力士的形象有很多，其中一类比较常见的力士形象是

---

① 杨絮飞：《中国汉画图像经典赏析》，河南大学出版社，2013，第 129 页。

图 4-9 伍佰形象

材官或蹶张士。材官是秦汉始置的一种地方预备兵兵种，相当于现在的步兵，或属于武卒、供差遣的低级武职。蹶张，又作"蹷张"，以脚踏强弩，使之张开。蹶张士指的就是这种"能脚踏强弩而张之"的材官。图4-8所示河南出土的东汉画像砖中，画中的"门神"形象就是蹶张士。他正踏弩开弓，怒目圆睁，眼角上吊，紧咬双唇，须发张扬。还有一类力士叫"辟车伍佰"，这也是在画像中比较常见的一类人物形象。河北安平县逯家庄东汉墓出土的壁画较有代表性。该墓中室北壁上的伍佰形象（见图 4-9）个个都带有须发怒放的特征。另外，在山东沂南汉墓中室四壁上的一些武士和力士的画像也都是髭须张扬，瞠目张口，甚至为了配合现场的气氛，连帽子上系的缚带也画成飘扬状（见图 4-10）。以上几种力士的画像在全国各地出土的壁画、画像石、画像砖中都广泛存在，

图 4-10 沂南北寨汉墓人物画像线描

它们几乎无一例外地表现了髭须飞扬、毛发浓厚、瞋目张口的特点。这些汉代画像中力士（或猛士）形象都共有一个特点，即人物的孔武有力。此类图像在汉代频繁出现与彼时盛行的任侠之风有关。任侠之风兴于春秋之际礼崩乐坏之时，历经秦朝的回落之后，于西汉时期再度活跃起来。[①] 任侠之风日炽促使人们开始关注历史上的力士以及他们的故事，并把其中的杰出者当作自己的精神楷模，司马迁甚至为了弘扬这种任侠精神而为同时代的一些侠士树碑立传，并收入《史记·游侠列传》之中。在其他文献中也屡屡可见时人耳熟能详的古代侠士的记载。从这个文化背景出发，我们基本确定"成荆、夏育"这两个名字的释读是可靠的，同时也基本可以确定"电转"这个人物形象的身份，应该也是一个力士。但在文献中没有找到"电转"这个人物，因此仍然不能排除这个形象是后人"伪造"

---

① 刘飞滨：《论司马迁的游侠观》，《四川师范大学学报》（社会科学版）2008 年第 6 期，第 101~106 页。

的。当然，如果这是事实，我们接下来的讨论就没有意义了。那么要继续讨论的前提就是，这块画像砖不是伪造的，这种情况通常只有两种可能性：其一是释名正确，但是出于各种原因，"电转"这个人物在历史文献中失载；其二是释文有误。所以接下来，我们就先从"电转"这两个字的释读着手分析。

通过比较，我们发现图4-3中左边榜题的首字确实与简化字"电"字非常接近，而在图4-4中各榜题的首字除第二榜之外，其余的都比较接近"申"字，即文字中的末笔是"丨"而不是"乚"，第二榜首字末笔似"乚"但尾部向左弯曲。"电"字在汉代一般写作"電"（即我们所谓的繁体形式），但也有把"電"字写成"电"的情况，如汉代出土的印文（见图4-11)[1]和镜铭（见图4-12)[2]中就可以找到类似的写法。"电"其实是一个比"電"字更早出现的字形，前者是一个会意字，而后者已经是形声字了。《说文解字》载："申，電也。"[3]由此可见，汉代人基本认同"電"（或者对汉人而言更为古老的写法"电"）字即"申"字。从姓氏的角度来讲，汉代确实存在"电"姓，不过这个姓氏跟"雷电"的"电"没有关系，它源自"霆刑"。霆刑最早由秦朝商鞅所设置，霆鞭、霆杖（亦称电鞭、电杖）是执掌该刑法的官吏，执行者称"霆吏""霆人"，他们多为彪形大汉，冷酷而机械。从这点来讲，他们归入力士一类好像也没有什么问题。在霆吏的后裔中，有以先祖官职为姓氏者，称霆氏、

---

① 出自"申通之印"。除此之外，汉代还有许多印文中的"申"字亦作此写法，如"申世之印""申就之印"等。详见清光绪年间钤印《攗叔考藏秦汉印存》卷二，第4a(12a－b）页。

② 参见陈佩芬《上海博物馆藏青铜镜》，上海书画出版社，1987，图版31之"尚方镜三"。

③ 见《说文解字·虫部》"虹"字条。（汉）许慎撰，（清）段玉裁注《说文解字注》十三篇上，浙江古籍出版社，1998，第13a(673b)页。

图 4-11　汉代印文中的"申"字

图 4-12　汉代青铜镜铭中的"申"字

电氏。① 我们假设此类人物如果真的出现在画像中，那么他们手中的道具（或武器）则应该是鞭子之属。我们可以将这几块带榜题的画像砖与同时期的画像砖作品——出土于河南新野樊集，并被收藏于新野县汉画像砖博物馆的画像砖（见图 4-13）对比，借此对人物手中的道具做进一步的分析。樊集出土的这块汉砖上的画像作品其实非常特别，它从一个正面的角度去表现驷马安车，车上有两个驭手正扬鞭催马。车子前方的四匹马，中间两匹也是正面的，但左右的两匹马在形象塑造上则有些怪异，可能是透视上出了问题。有学者认为这样的表现手法是受到外来文化的影响。② 通过对比，我们发现画像人物甲和人物丙都是持斧或者椎③ 之类的带柄工

---

① 袁义达、邱家儒编《中国姓氏大辞典》，江西人民出版社，2010，第 1337 页。

② 缪哲：《汉代艺术中外来母题举例——以画像石为中心》，硕士学位论文，南京师范大学，2007，第 14~36 页。

③ 椎，也叫长椎。它最早是一种农具，在汉代也是一种武器，经常用于发动突然袭击的场合，成为侠士喜用的武器之一。《史记·信陵君列传》曰："朱亥袖四十斤铁椎，椎杀晋鄙。"《留侯世家》亦言张良得力士，为铁椎重百二十斤，以狙击秦始皇于博浪沙中。（《急就篇》言"铁锤"，颜师古注云"铁锤以铁为锤，若今之称锤。亦可以击人，故从兵器之例。张良所用击秦副车，即此物也"。）《汉书·淮南王传》载淮南王刘长自袖金椎以椎辟阳侯。同时，我们在安徽阜阳双古堆西汉汝阴侯墓中也见到铁椎实物的出土，证明椎确实是一种武器。参见王襄天、韩自强《阜阳双古堆西汉汝阴侯墓发掘简报》，《文物》1978 年第 8 期，第 12~31 页及图版二至三。

图 4-13　驷马安车画像砖

具（见图 4-14），而不是鞭，鞭子在图像上应该表现成一个抛物线型的细线状物，尾部不会另外塑造出一个块状结构，因此基本上可以从图像志的层面排除电姓后代的可能。而在另一方面，我们又通过文献检索到了"申"字末笔拐弯的情况，如内蒙古居延地区出土的汉简（见图4-15）。所以综合来看，我们认为这几块画像中榜题的首字读为"申"字应该是可靠的。

再看"转"字的释读。图 4-3 中铭文的字迹比较清晰，基本上可以释为"轉（转）"字。但在图 4-4 中，我们所见榜题中的偏旁却不常见。既不像"车"字旁，也不似"韦"字旁，笔者以为它是一个别字，系因制作画像砖的工匠文化水平低，仿书和凭记忆书写时造成的讹误。在汉代这样的情况不少，我们仅举几例作为佐证：比较图 4-16、4-17 两块汉代字砖，其中有两个字非常接近，其中"飢"字就是"飢（饥）"字

图 4-14　武斑祠画像

误笔。① 从这几块字砖上的书法水平来看，刻工还是
有一点文化水平的，但也难免出错，毕竟识字不多。
画像石墓、画像砖墓在汉代属于中下层社会的墓葬，
一般造墓的工匠都没有什么文化，② 所以出现这种情
况更是在所难免了。

　　所以，这个与"夏育"一同被模印在画像砖上
的力士应该姓"申"，其名字中应有形近"専"字的
声旁，可能为"轉（转）"字，亦有可能为"轉""韡"
"搏（抟）""博""榑""賻"等字。但是在古代文
献中，我们没有见到申轉、申韡、申抟、申榑或申

---

① 李零：《"邦无飢人"与"道毋飢人"》，载氏著《万变：李零考古
　　艺术史文集》，三联书店，2016，第 233~244 页。

② 参见窦葳《西汉镜铭与社会研究》，硕士学位论文，上海师范大
　　学，2013，第 20 页。

图 4-15　居延汉简上的"申"字

图 4-16　中国国家博物馆藏十二字砖

图 4-17　十六字砖

赙，只找到申转与申博，下面笔者就着重梳理一下关于这两个名字的相关信息，看看是否与力士有关。

"申转"为两汉时期的人物。据《后汉书·济北惠王寿传》载："济北惠王寿，母申贵人，颍川人也，世吏二千石。……永初元年（公元107年），邓太后封寿舅申转为新亭侯。"[①] 这条记载表明，申转是东汉中期颍川郡（即今河南境内）人，颍川距离画像砖出土地不算远，所以人物在这个范围内产生影响是有可能的。但前文说过，图4-4所示乃西汉晚期的画像砖，因此不大可能为"申转"，虽然不能完全排除断代有误的情况，但在墓葬中使用同时代人物形象的可能性也是非常低的。

因此只剩下"申博"这个可能性了。事实上，确实存在"申博"这样一个勇武的人物，我们可以根据《史记·范雎蔡泽列传》和《文选·洞箫赋》中李善注援引陆机的《夏育赞》，找到他与夏育之间的联系。《史记·范雎蔡泽列传》记载："夏育、太史嗷叱呼骇三军，然而身死于庸夫。"《索隐》引高诱注云："夏育为田搏所杀。"[②] 西晋陆机《夏育赞》亦载："夏育之猛，千载所希；申博角勇，临额奋椎。"[③] "申博"即"田搏"，"田"字与"申"字、"博"字与"搏"字因形近乃至出现传抄讹误。两段史料所呈现的大意是：夏育勇猛，大声呼叱就可吓退三军，而庸夫申博却提出要和他进行角力，最终申博用长椎将夏育杀害。这里记载的"作案工具"都与图像描述相一致，结论可以说是呼之欲出了，但是因为高诱所做的注，又产生了新的问题，《史记·袁盎晁错列传》的

---

① 《后汉书》卷55《章帝八王传第四十五》，第1806页。

② 《史记》卷79《范雎蔡泽列传第十九》，第2422~2424页。

③ （梁）萧统编，（唐）李善注《文选》，上海古籍出版社，1986，第788页。

《索隐》引用了高诱所说的一句话："育为申繻所杀。"申繻的出现，使我们不得不对其中隐含的人物关系问题提出更多的思考：其一，何以一个"庸人"居然能够把一个"千载所希"的勇士杀死？其二，申博与申繻有什么关系？

先来讨论一下申繻。从可以查阅到的文献来看，申繻是鲁国大夫。繻为其名，申或为其氏。申繻历鲁桓公、庄公两朝（公元前711年～前622年），见诸文献的事迹不多，凡三处均见于《春秋左传》。第一处载于"桓公六年"，讨论关于取名的问题："公问名于申繻。对曰：'名有五：有信，有义，有象，有假，有类。以名生为信，以德命为义，以类命为象，取于物为假，取于父为类。不以国，不以官，不以山川，不以隐疾，不以畜牲，不以器币。周人以讳事神，名，终将讳之。故以国则废名，以官则废职，以山川则废主，以畜牲则废祀，以器币则废礼。晋以僖侯废司徒，宋以武公废司空，先君献、武废二山，是以大物不可以命。'公曰：'是其生也，与吾同物，命之曰同。'"[①] 第二处记于"桓公十八年"，申繻劝说齐桓公不要前往齐国访问："十八年春，公将有行，遂与姜氏如齐。申繻曰：'女有家，男有室，无相渎也，谓之有礼。易此必败。'公会齐侯于泺，遂及文姜如齐，齐侯通焉，公谪之。以告。夏，四月丙子，享公。使公子彭生乘公，公薨于车。"[②] 第三处为讨论郑国都城南门两蛇相斗之事，则于"庄公十四年"："初，内蛇与外蛇斗于郑南门中，内蛇死。六年而厉公入。公闻之，问于申繻曰：'犹有妖乎？'对曰：'人之所忌，其气焰以取之，妖由人兴也。人无衅焉，妖不自作。人弃常则

---

① 《春秋左传正义》卷6，载（清）阮元校刻《十三经注疏附校勘记》，第6.49a(1751a~c)页。
② 《春秋左传正义》卷7，载（清）阮元校刻《十三经注疏附校勘记》，第7.57a(1759b)页。

妖兴，故有妖。'"① 这三则均反映了申缮作为文人士大夫的睿智与博学，与庸夫无关，亦与力士无关。所以，这个"申缮"跟椎杀夏育之人无关。实际上，春秋时期也确实可能存在两个申缮，前文所提的申缮活跃于鲁桓公、庄公两朝（公元前 711 年～前 622 年），另一个疑为鲁昭公（公元前 541 年～前 510 年）时人。《古今同姓名录》怀疑二者是同一个人，② 但笔者的考证说明他们恰恰可能是两个人，所不同的是，《古今同姓名录》的作者在当时还可以看到更多关于勇士"申缮"的记载，但今天看不到了。至于申缮是否为田搏的别名，则有待进一步考证。毕竟历史文献中这种因为相近而讹误的情况比比皆是，不足为奇，所以我们完全可以暂时将"申缮"与"申博"的关系搁置一旁，看看高诱的注带给我们的另一个问题，即申博的庸人形象问题。

申博能够击杀神勇无比的夏育，那么他具备何种条件呢？首先是身体上的条件，申博虽然不必与夏育旗鼓相当，但也必须相去不远，否则如何与之"角勇"？但申博之所以会被呼为"庸人"，是因为他的对手是一个被视为"筋力之圣"的人。"庸人"作为一个中性判断，即普通平凡的人，在这里主要是与志向远大进行区别，而不是在力量上的区别。还有一个因素可能干扰我们判断画像人物甲、人物丙是否为申博，即高诱注的描述让我们觉得夏育是一个受害者，而申博则像一个谋杀者、一个罪犯。其实不然，在当时的社会条件下，申博很有可能是在一场公平的角斗中杀死夏育的。实际上，在汉代的文献中存在

① 《春秋左传正义》卷 9，载（清）阮元校刻《十三经注疏附校勘记》，第 9.69a（1771b）页。
② "二申缮，一鲁桓公时、一鲁昭公时，疑一人。"（梁）元帝（萧绎）撰，（唐）陆善经续，（元）叶森补《古今同姓名录》，载《景印文渊阁四库全书》子部第 887 册，台湾商务印书馆，1983，第 2a（887-3a）页。

夏育与申博并称的情况，可以想象汉人对待这个事件的态度。西汉宣帝时人王褒曾在他所撰的《洞箫赋》中写道："嚚顽朱、均惕复惠兮，桀、跖、鬻、博、儡以顿领。"李善注："鬻，夏育也，古字同；博，申博也。未详其始。"① 可见申博与夏育一样，都是人们所熟悉的力士，并且经常被一并提及。

根据文献，申博所使用的武器应该是长椎（见图 4-18），但画像制作工匠在模制其画像时，受能力限制，通常不是自己去创作，而是找现成的样本来临摹，如果一时找不到申博画像的样本，很有可能会使用其他力士图像替代。我们前面说过，这些力士在时人眼里其实是没有什么区别的。当时力士通常使用的武器除了铁椎之外还有斧子，故在实际的画像中申博所使用的武器除了长椎以外还有可能是斧子，② 这都是正常的情况。

以上就是笔者对画像砖榜题"电转"所进行的艺术考古研究，思路已经很清晰了。在这个过程中，有主要的问题，也有次要的问题，其中最核心的问题是有没有"申转（申博）"这个人。答案是有，但名字写错了。接下来需要几个论证。其一，关于"申转（申博）"的活动年代（周代）。这一点很重要，因为活动年代的早晚，会影响人物的"历史感"，年代越早则人物被"神化"的可能性越高。其二，"申转（申博）"造型、地位与夏育、成荆等人的相似性。对这两点的考察有助于进一步加强推论的合理性，所以也很重要。如果申博在当时不是一个家喻户

---

① （梁）萧统编，（唐）李善注《文选》，第 788 页。

② 罗小华认为周口出土的申博画像，人物手中所持当为"鼓槌"，而不是"椎"。她认为在当时"椎""槌"二字可以通用，但画像砖的制作工匠没有注意到二者的区别，而误将武器"椎"绘成了"槌"，推理似有可疑之处，即当时的工匠更有可能根据文字记录，还是传闻、图像粉本来制作图像？若是前者，倒像学者做研究而不是工匠制作器物了。参见罗小华《勇士申博图像考》，《华夏考古》2018 年第 1 期，第 75~76、94 页。

图 4-18  武斑祠画像局部

晓的力士，很难说会出现在画像砖上，汉代画像砖上的许多图案在当时反映的都是"公共知识"。汉代画像石墓、画像砖墓在当时是中下层人士所建造的墓，墓葬中的各种材料实际上都是可以直接从市场上批发来的，可见"个性"的东西不多，实际上图像真正表现的是不是那个人不重要，重要的是画工告诉我们，这就是"申博"，这也就是我们可以研究的基础。如果没有线索符合画像人物的身份，那么我们也就无从研究。在这里，榜题就是一个线索。而在分析过程中遇到的如下几个问题则是比较次要的：其一，申博是否杀了夏育？其二，申博是否另有一个名字为申缥？其三，"申博"二字是不是有可能被讹写为"田博"？这些问题能解决最好，可以为研究增色，解决不了也不影响论述的主体，所以我们只需"尽力而为"，如实告诉读者我们所能推进的程度即可。

通过这个研究，笔者证明研究所参考的画像砖不是仿制品，因为砖上有一些未知并且可以被有效解读的信息。在整个研究中，对未知信息进行解读的过程与证明画像砖真伪的过程合二为一。当然，这个研究具有一定的偶然性，最后虽然对榜题进行了合理的解读，但并不意味着民间材料可以如同科学发掘的考古成果和正式出版的官方材料一样被放心地使用。

## 三 海外的材料

由于欧美学术书籍、图录被引进或翻译，以及国内学者走出国门日益频繁，越来越多的海外古代中国文化材料（包括物质的与文献的）进入了中国古代文化研究学者的视野。其实这部分材料的学术价值，还是非常值得重视的。过去我们的研究因为条件所限，重心一直放在国内的出土与传世材料上，从而对于海外收藏的材料存在一定程度上的忽视，这种态度现在应该纠正了。当然，国外收藏文物与文献材料的状况也比较复杂，虽然许多文物在海外重要的博物馆或拥有相对权威的展示场所展出过，但是很有可能正是这种形式上的合法性更容易遮蔽事实，引导我们做出错误的判断。

据中国文物学会所做的不完全统计，通过各种合法与非法渠道流入英国、法国、日本、德国、加拿大、美国并被正规机构收藏的中国古代文物有近千万件，[①]数量极其庞大，而且有许多都是孤品、极品。比如日本泉屋博物馆收藏的虎食人卣和法国巴黎赛努奇博物馆（Musée

---

① 据中国文物学会统计，参见崔莹《一千万中国文物如何流失海外》，腾讯文化，http://cul.qq.com/a/20150406/007246.htm，2015 年 4 月 6 日。

图 4-19　巴黎赛努奇博物馆藏虎食人卣

Cernuschi）收藏的另一件商代后期虎食人卣（见图 4-19），这两件虎食人卣外形基本一致，造型之精美，甚至是国内同类藏品都不能比拟的。整体来看，从鸦片战争至今，中国文物经历了四次规模较大的外流浪潮。第一次发生在鸦片战争后，其中广为人知的是，1860 年英法联军抢劫圆明园和八国联军抢劫北京城。1900 年八国联军进入北京城后大肆劫掠，各国侵略者特许士兵抢劫三日，在此期间颐和园内陈设的无数珍宝也被窃掳殆尽。第二次浪潮发生在第二次世界大战日本侵华期间，这也是中国文物大量外流的高峰期。当时中国的博物馆建设和考古发掘工作都刚刚开始，普通民众对文物保护没有任何概念。而欧美国力强盛，收藏艺术品已然成为社会风尚，于是强大的民间资本涌入中国。其中有一个名叫卢芹斋的文物贩子是当时名气最大的中间商，据传

图 4-20　昭陵六骏之飒露紫

1949 年以前的文物有近一半是从他的手中流出海外的。他最出名的行径是于 1916~1917 年将昭陵六骏的"飒露紫"（见图 4-20）和"拳毛騧"贩卖至美国。在那段时间，从大家族、古董商、古玩商店还有老百姓家里流散出来的大量文物，甚至是从商周墓葬中盗掘出来的青铜器，转眼之间就流向国外。改革开放前，国人的文物保护观念比较淡薄，引发了第三次文物外流的浪潮。当时的政策只规定乾隆以前的文物不能出口，而乾隆之后的文物却允许大量出口，使得许多嘉庆、道光时期的官窑瓷器、书画作品以极其低廉的价格流失海外，甚至很多真正属于明、清时代的文物，也因鉴定失误被当成仿制品卖了。改革开放后，受暴利驱使，形成了新一轮文物盗卖、走私高潮。文物通过陆路和海上通道源源不断地走私到国外。从古墓和博物馆盗来的文物从陆路先转运至北京、安徽、广州，而中国香港、中国澳门、中国台湾则是文物走私到国外的中转站。海路形式更疯狂，甚至使用集装箱来走私，一次可达几千件。1994 年夏，两个英国港口截获了 7 辆卡车共计 6000 多件走私文物，其中大部分为中国文物，随即通告了中国驻英使馆。这些文物最后通过法律手段被中国追回了 3000 件，① 但像这样能够追回（部分）文物的情况其实是非常罕见的。

如此大量的文物流落在海外，仅有一小部分最终进入了公众视野，成为可供研究的对象，但是因为没有任何正式的发掘记录，很多时候连大致的出土年代、出土地都无从知晓。在某种意义上，尽管它们中有许多制作非常精巧，甚至可能包含着极高的学术价值，但是如何在实际的研究过程中有效地加以应用却难以把握。

下面笔者仅以一件藏于哥本哈根装饰艺术博物馆的带钩为例，从艺术考古的角度来探讨一下这件文物的纹饰意义及其背后的文化价值，当然它的真伪也是笔者比较关心的问题。这件古物其实非常平常，正是因为它很普通，所以才更有普遍意义。笔者拟从带钩这种事物在中国文化中的传承、发展序列开始切入，进而讨论与之相关的"人兽母题"装饰纹样的演变规律和特点，尤其是这种母题在汉代的表现情况，尽可能地挖掘这种纹饰演变背后的文化意味，在此基础上推断这件带钩可能具有怎样的功能。

"带钩"在古代文献中很常见，但它却极易为研究者所忽略从实物形体来看，它的体积一般比较小，作为出土遗物，它又容易与帐钩等事物相混淆，所以不易凸显出来。另外，它也无法与重大话题沾边，对于很多学者而言，它只不过是日常琐碎之物，不值得耗费太多的精力。实

① 《中国国家文物局跨国追索文物》，搜狐网·搜狐文化，http://www.sohu.com/a/117421864_519191，2016 年 10 月 27 日。

际上，在古人的日常生活中，它是非常重要的。关于带钩，文献中通常称之为"钩"。如《淮南子·说林训》曰："满堂之坐，视钩各异，于环带一也。"① 《庄子·胠箧》："彼窃钩者诛，窃国者为诸侯。"② 《淮南子·泰族训》："带不厌新，钩不厌故。"③ 这里的"钩"都是指"带钩"，带钩在中国古代其实是极为常见的，至少在东汉以前，上层社会的贵胄、殷富人家都普遍重视这个物件，因为它不仅具有实用功能，还涉及个人形象的问题。关于这一点，如果仔细梳理，其实还可以在文献中找到更多相关的描述和典故，并且考古发掘出土大量各种样式的带钩，也极好地佐证了它在时人心目中的地位。

毫无疑问，带钩肯定是人们在日常生活中非常重视的物件，但是从文献的描述来看，我们会发现古人对带钩的态度其实远远地超出了其实用功能所能承载的范畴，即把它看成一种时尚的标志，甚至是具有某种神圣功能的事物，这就有点超出了我们对它的认识了。为了更好地理解这个问题，在此我们不妨先对它的功能做一个简要的梳理，使得讨论有一个基本的历史背景。对于事物的象征功能来说，通常情况下都能够追溯到它的某个实用方面的源头。因此我们就从带钩的实用功能开始讨论。关于它的实用功能，王仁湘讨论最多，他曾对古代带钩的用途作了四种可能的推断："束带、佩器、佩物、佩饰。"后来他又把这四种用途归纳为两种："束带与佩系。"④ 但仅止于归纳，没有对可能演变出来的

----

① 何宁:《淮南子集释》卷17，中华书局，第1214页。

② 刘武:《庄子集解》，沈啸寰点校，中华书局，1987，第86~87页。

③ 何宁:《淮南子集释》卷20，第1394页。

④ 参见王仁湘《古代带钩用途考实》，《文物》1982年第10期，第75~81、94页；王仁湘《善自约束：古代带钩与带扣》，上海古籍出版社，2012，第41页。下文中同引文献不另外出注。

新功能做进一步的探讨，关于这一点容后再议。在这里，笔者先讨论纹饰问题。

前面的分析其实把带钩"微小但又很重要"的特性做了梳理。一般来说，只有充满矛盾的东西才会蕴含特殊性，这就是我们在艺术考古研究中需要注意的地方。接下来我们以带钩的纹饰为中心展开讨论。先是做总体性的概说，目的在于给我们要讨论的对象建立一个背景，让读者从研究对象，也就是带钩自身的文化史坐标上来了解它，这样下文讨论带钩的功能、象征意义就有基础了。

带钩的造型非常多变，有水禽形、兽形（包括兽面与拟兽形）、耝形、曲棒形、琵琶形、长牌形、人形（包括人面或人体）、异形等。其中水禽形、琵琶形和兽形较为常见，且流行时间长（见图4-21）。人形带钩属于其中比较复杂的一类，变化多端，流行的时间也不短，从战国一直到西晋的出土器物中都时有发现，就连兵马俑的身上也发现了这样的物件（见图4-22）。不同造型的带钩，给人的视觉感受不同，大多数带钩都力求造型简洁，寓意美好，但也不排除一些罕见的造型设计，这种带钩图案所传达的意义显然要复杂得多，收藏于丹麦哥本哈根装饰艺术博物馆的武士斗豹带钩就是其中一例（见图4-23）。

武士斗豹带钩的左侧为一头全身饰有斑纹的豹子形象，正张着血盆大口向右侧扑噬人物的腰部。人物侧身向右做奔跑状，表情极为恐惧，其右手高举，挥剑作砍杀豹子的姿势，左手的姿势看起来比较僵硬，这是为了与钩子作更有机的结合而做出造型上的牺牲。人物和豹身都有绿松石镶嵌，人眼中嵌小珠。人物的身姿，尤其是头的朝向，表明他正被豹子所发动的突然袭击所扑倒，这件作品被判定为西汉早期至中期的作品，结论应该是比较可靠的，因为同样的人兽组合形象在汉代图像系统

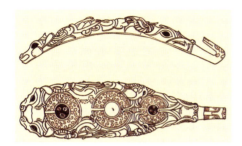

图 4-21 琵琶形包金嵌玉银带钩

图 4-22 秦俑身上的人形带钩

图 4-23 武士斗豹带钩

图 4-24　汉代虎食旱魃画像

中经常可以见到，特别是汉代画像石中的"虎食旱魃（或鬼魅）"母题。在这个母题中同样出现了人兽搏斗的场景，比如河南南阳汉画馆藏的一块画像石，石高 37 厘米、长 164 厘米，属东汉时期作品。画像石左端刻有一人形，中为一弓背翘尾的猛虎，正张口噬咬人物的左腿。唐河针织厂画像石墓出土了几块画像石，现藏于南阳汉画馆，为西汉时期作品。其中墓门门楣正面的两块画像石和南主室西壁上部的画像石，上面均刻有虎噬人母题的作品。虎身带翼，正欲扑噬一倒地人物，人的动作、形态与前者几乎一致，看样子是在同一模板的基础上稍加修改而成的（见图 4-24）。又如 1957 年在洛阳老城西北的烧沟村南发现的一座西汉壁画墓（M61），墓室门楣的上额浮雕一羊头，羊头左边为淡墨描绘的一棵

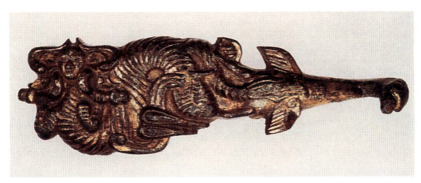

图 4-25 鎏金虎食人形带钩

树，树枝上挂着红色的衣物，树干下横躺着一个裸身女性形象，头发缠于树干上，右臂上伸，墨勾轮廓，体施灰色。一只翼虎正张着大口噬咬她，右爪抓按着女性头部。这几例都被认为是"虎食旱魃"的图像，图像人物是一个代表邪恶的形象，而凶猛的野兽形象则转化成为一个正面的形象，是可以吞噬导致干旱的邪恶神灵旱魃的神兽。

我们再看一看年代更早的同类带钩及其纹饰与武士斗豹带钩相比有哪些不同之处。其实在先秦时期，这类图形图像给人的印象完全是另一种感觉。先秦时期人兽组合的立体或平面造型通常表达的都是一种较为和谐的氛围，早期带钩上的同类纹饰并不具有这种剑拔弩张的冲突感。比如美国赛克勒美术馆所藏的一件青铜杂器鎏金虎食人形带钩（见图4-25），年代为战国时期。这件作品在形象语言上其实比较抽象，装饰旨趣性很强，在沿袭商周图像母题的同时，又赋予了战国特有的装饰风格。从图像上看，画面的主体是一只头朝向左的虎，口部含着人首，带钩的右侧转化为一只展翅飞翔的大雁，雁首回钩。王小盾在其著作中展示了一件源于同一带钩的线描图，但标注原物收藏地点却是美国塞克勒博物馆，[①]笔者未查到有关的图录，因此不能判定二者是否有关。

通过图像的对比，我们发现虎噬人形带钩显然没有传达令人不安的印象，实际上，如果仔细观察这件带钩，我们会发现，所谓的"虎噬人"形象组合，[②]看起来其实更像是人物披着虎皮、模仿老虎的动作，钩身中部明显是一只人脚，而人头下部的虎足以及钩身中部偏右的虎尾都软弱无力，说明它不是活体，而是毛皮状物。人身披虎皮形象是先秦时期极为常见的纹饰，比如上海博物馆所藏西周辕饰（见图4-26）中人物头上戴着虎头帽，它就是虎噬人造型的一个变化。这样的母题通常都表达了天人合一、沟通天地的愿望，鎏金虎噬人形象带钩也是一种基于这个传统母题制成的装饰物件。但是"虎噬人"母题在汉代的表现有了较为明显的变化，即猛虎形象除了增添羽翼、转变成一个正面的形象外，凶猛的特征也得到了强调，而人物（或类人形象）的表情也与先秦时期的平和、宁静大相径庭，往往都呈现惊慌失措的表情，做着逃跑的动作，甚至呈现垂死挣扎的状态，与武士斗豹带钩图案所传达的情境一致，这是这种母题在汉代的时代特征。可以说它们已经是另一个旨趣了，虽然图像基本构成元素相同，但与早期人兽组合题材所要表达的氛围不可相提并论，那么武士斗豹带钩在汉代又传达了怎样的观念呢？

为了更好地解读这件带钩，我们有必要回顾一下带钩的使用历史，了解带钩上的象征意义是如何一步一步地被赋予，又是如何一步一步地演变的，即其象征意义的生成与发展情况。

①　王小盾：《经典之前的中国智慧》，北京大学出版社，2016，第83页。

②　关于这个话题，参见练春海《"虎噬人"母题研究》，《形象史学研究》2015年第2期，第30~58页。

从考古发掘的报告来看，带钩早在原始时期就出现了，良渚文化中就发现了多件玉带钩，最早的一件是 1972 年发现于浙江桐乡县屠甸乡金星村遗址，现存于浙江省桐乡博物馆，但是这一发现并未见诸有关发掘简报，仅见图录及简要说明：这件玉带钩"长 5.9 厘米、宽 3.5 厘米、厚 1.8 厘米，器呈黄褐色，有黑条斑，长方形扁平体，一端钻有圆孔。另一端线割成弯钩状，内壁有弧线形割痕，表面抛光，底面略显粗糙"。[①]（见图 4-27）同样的带钩在余杭县反山 16 号墓、瑶山 7 号墓亦有见到。可见，带钩形制产生的历史非常悠久，但能够保留下来的很少。带钩在中国古代物质文化史上存在的时间很长，一直到明清时期的墓葬中都还可以见到。但它兴盛的时期却主要是在周朝至西汉之间，东汉

图 4-26　西周早期辕饰

———————————

① 杨伯达主编《中国玉器全集》（上），河北美术出版社，2005，第 89 页。

图 4-27　金星村遗址出土玉带钩

以后就逐渐没落，最终为带扣所取代。明清时期的带钩基本上都不是实用品，而是弄器或把玩器。

　　在中国发现的原始时期带钩，其钮柱与北方斯基泰式的带钩有一定的共性，这两种带钩的钩首与钮柱都在同侧，即都在后面（见图 4-28），但是西周以后罕见同类带钩，西周以后中国带钩基本的样式都是钮柱与带钩位于不同侧，即一前一后。这也是为什么王仁湘早年曾把周都洛阳所出土的、时代约在春秋中期的带钩看成"目前所见年代最早的带钩"的缘故。笔者以为，中国古代带钩不一定像某些学者所说的那样，"是从域外学来的，不仅仅是从古代北方民族学来的，而且是从'斯基泰·西伯利亚文化'直接传播过来的"[1]，它很有可能是中国江南一带4000 多年前就已发展出来的传统和来自北方的斯基泰风格的结合，并在

---

[1]　王仁湘：《善自约束：古代带钩与带扣》，第 31 页。

图 4-28　斯基泰式带钩

结合的过程发生了创造性的改变，这种改变使得带钩在使用时变得更加轻松、便捷。比如束带带钩，就已有出土材料和传世文献来看，应该与革带的使用有关。古人系结衣服，早期主要采用束带打结的方式，因此与之相配的工具为觿（见图 4-29），但是使用这种解结工具仍有不便之处，因此在周代以后，贵族们纷纷开始使用革带、带钩结合，正是因为有这样的实用性，带钩才会慢慢地演变成社会地位的象征符号。

　　当然并不是说所有的钩都能够代表主人的尊贵地位，毕竟用于制作带钩的材料非常多，金、银、铜、铁、玉、石、木、骨（含牛角）、琉璃、陶等都可以用来制钩，唯独玉或者以金镶玉来制作的带钩是最为贵重的。在那些贵重的带钩中，制作手法也非常多样，浮雕、错金、镶金、镂空、包金等装饰手法都可以见到，制作手法越复杂，带钩的价值就越高。从目前出土的带钩来看，制作最为精美的带钩大多数制作于战国时期，到了汉代，则是带钩使用的鼎盛时期，汉代上层社会尚玉，因此玉带钩就成

图 4-29　西汉玉觿

了王侯们标识自己身份的一个必不可少的饰物。在这样的一个社会语境下，带钩的功能也就得到了进一步的拓展，与之相关的传说也流传开来。

　　其中有一例涉及汉武帝，说他的一位婕好生而握钩，但据《汉书》原文："孝武钩弋赵婕好，昭帝母也，家在河间。武帝巡狩过河间，望气者言此有奇女，天子亟使使召之。既至，女两手皆拳，上自披之，手即时伸。由是得幸，号曰拳夫人。……拳夫人进为婕好，居钩弋宫。大有宠，太始三年生昭帝，号钩弋子。任身十四月乃生，上曰：'闻昔尧十四月而生，今钩弋亦然。'乃命其所生门曰尧母门。……昭帝即位，追尊钩弋婕好为皇太后，发卒二万人起云陵，邑三千户。"[1]班固并没有明确提及钩弋夫人手握玉钩之事，"钩弋（翼）"的"钩（同拳）"，实际指的是其手"钩（拳）而不展"，而不是"玉钩（或带钩）"，"手握带钩"的说法什么时候出现已无从考证，但旧传刘向著《列仙传》中《钩翼夫人》

<hr>

[1]　《汉书》卷 97 上《外戚传》，第 3956~3957 页。

篇载："武帝批其手，得一玉钩，而手寻展。"王叔岷指出"是书魏、晋时流传最盛"，可见"玉钩"之说或许在汉代就已开始流传。[①] 汉武帝与钩弋夫人的相遇以及之后发生的一系列事情，很显然是一场"精心的安排"，[②] 富有传奇色彩。《汉武故事》对钩弋夫人的传奇色彩做了进一步的渲染，说她不仅能"解黄帝素女之术"，还能预言："妾相运正应为陛下生一男，七岁妾当死，今年必死。宫中多蛊气，必伤圣体。"死后，"既殡，香闻十里余，因葬云陵。上哀悼，又疑非常人，发冢，空棺无尸，唯衣履存焉。起通灵台于观泉，常有一青鸟台上往来，至宣帝时乃止"。[③] 这些内容与西王母信仰及早期道教的尸解仙有关。汉武帝迷恋不死升仙之术，因此与他关系密切且又有传奇色彩的钩弋夫人被塑造成仙人也不足为奇，但与之相关的"玉钩"本身就是一种祥瑞，还是因为这个传说而成为祥瑞，这却是一个谜。

汉代带钩肯定不会只有一种功能，也就是说它不仅仅是为了满足实用，这是可以肯定的。通过观察，我们可以发现它的功能至少朝着两个方向演变：一个方向是带钩的实用功能变得更加丰富，除了钩扣腰带之外，还具有象征、装饰等功能，武士斗豹带钩就属于这一类；另一个方向是有些带钩本来就是为了实现某些特殊功能的，反映在材料上，像琉璃和陶质的带钩显然都不适于日常使用，尤其是那些尺寸大大超出常规的带钩。一般带钩为 10 厘米左右，但是有些带钩却有 22~23 厘米。除此之外，还有一些迹象也表明带钩在汉代演化出了其他功能，以下便

---

① 参见王叔岷《列仙传校笺》，中华书局，2007，第 1、106 页。

② 刘杰：《汉武故事及其文化阐释》，博士学位论文，南开大学，2010，第 150 页。

③ 《汉武故事》，转引自《鲁迅全集》第 8 卷《古小说钩沉》，人民文学出版社，1973，第 467~468 页。

简要谈谈笔者观察到的迹象。

首先，墓葬中发现了一些没有纹饰的殉葬带钩。王仁湘对此提出了这样的看法，他说，"考古工作者还见有一种专用于随葬的带钩，一般放置在某种容器之内"。像这样的情况很多，比如在江西南昌西汉墓出土漆盒内发现了一件长 6.4 厘米的素面无纹饰带钩，在长沙北郊杨家湾 6 号汉墓的残竹笥内发现有铜带钩一件。这类没有装饰且放置在容器内的带钩，基本上都是明器，因为一般日常使用的层次稍好的带钩都会制作一些装饰，而明器则会故意去除装饰，这是明器制作的一种常用手法。[①]有些带钩虽然没有提供明确的共存器物，但从周边环境来判断，它们很可能原来也是置于容器之内的，只是容器早已腐朽。还有一种是为某一墓葬专门制作的带钩，如江西贵溪战国早期越人崖墓中出土长 22 厘米的木质带钩（报告称"S"形木器）或许就是这样的一件殉葬品。此外，甚至还有带钩发现于墓顶填土的情况，这种情况比较罕见，具体用意尚不明确。当然，有些带钩虽然非常精美，但也用作殉葬品。如成都羊子山战国墓出土的两件精美带钩，其中有一件置于木椁东段（或头厢）的漆奁内，很明显是用作随葬器物的。用于殉葬的带钩有些是专门制作的，有些则可能是从墓主日常用物中遴选，但作为殉葬物品的功能是很明确的。

其次，出土或传世带钩多带有文字。这种情况在一些比较重要的金石学研究中就有记载，比如清代阮元在所编撰《积古斋钟鼎彝器款识》一书中就著录了两件带铭文的带钩：一件铭为"丙午神钩君高迁"，钩铭七字"银丝填文"；另一件铭为"丙午钩君高迁"。此外，他还收录了

---

①　练春海：《器物图像与汉代信仰》，生活·读书·新知三联书店，2014，第 8 页。

赵秉冲带铭文"长宜君官，士至三公"和"六年五月丙午□"的两件旧藏带钩，以及黄小松所藏带铭文"长宜子孙"的一件带钩。[1] 在这些带钩中，多数都带有"丙午"二字，据阮元的说法，它们都在"五月丙午造"，"造铜器必于丙午日取干支皆火"，因此带钩也在此时制作。此说尚可商榷，因为它至多可以解释丙午日所造的铜带钩。实际上，"丙午"带钩强调的是制作日期，而丙午乃至阳之日。故宫也藏有一件汉代丙午带钩（见图 4-30），长约 15.7 厘米，上写着"丙午钩，手抱白鱼中宫珠，位至公侯"。《南史·吉士瞻传》中记载了一个故事，说他疏浚防火池时得到一件金带钩（很可能是汉代所作），镂刻精巧，还有八字篆书铭文："锡尔金钩，且公且侯。"吉士瞻娶夏侯详的侄女为妻，后来其妻将此钩窃出并送给夏侯详，"详果封侯，而士瞻不锡茅土"。[2] 可见带钩在汉代可能被看成一个升迁的象征。《张氏传钩》也是一个类似传说："京兆长安有张氏……鸠鸟入怀。以手探之，则不知鸠鸟之所在，而得一金钩。遂宝之。自是子孙渐富，资财万倍。蜀贾至长安，闻之，乃厚赂婢，婢窃钩与贾。张氏既失钩，渐渐衰耗。"[3] 带钩在汉代还是富贵的瑞兆。故宫所藏的另一件汉人铜带钩上有铭文："章和二年（公元 88 年）五月十五日丙午造保身钩。"说明带钩至少在东汉被认为是具有"保身"之功能。标有"丙午"字样的带钩屡见不鲜，庞朴认为，"五月丙午"铭标志着"一种阴阳五行的思想"，具有"以阳召阳"之功能，表达了"吉祥"之意。[4]《后汉书·五行志》："桓帝永兴二年四月丙午，光

① （清）阮元编《积古斋钟鼎彝器款识》卷 10，商务印书馆，1937，第 10.551~10.556 页。

② 《南史》卷 80《列传第四十五》，中华书局，1975，第 1363 页。

③ 《搜神记》卷 9，马银琴、周广荣译注，中华书局，2009，第 168 页。

④ 庞朴：《"五月丙午"与"正月丁亥"》，《文物》1979 年第 6 期，第 81~84 页。

禄勋吏舍壁下夜有青气，视之，得玉钩、玦各一。钩长七寸二分，（玦）周五寸四分，身中皆雕镂。此青祥也。"① 五行家认为这种青色之物是吉祥之兆，值得注意的是，事件发生的时间也是丙午日。《隋书·礼仪志》载，"班固与弟超书曰：'遗仲升兽头金旁囊，金错钩也'"，② 也表达了同样的意义。其实，不单铜带钩常在丙午日制作，家用之青铜器物（像铜镜、阳遂之类的器物）也都选择这个时间来制作。比如天津博物馆所藏的一枚阳遂镜（见图4-31），背面有两圈铭文，外圈为"五月五，丙午，火遂可取天火，除不祥兮"。看来丙午日作器具有"除不祥"的辟邪功能才是关键。③

图4-30　故宫藏丙午带钩

最后，合符带钩的出现说明带钩可以作为信物。带钩的功能在汉代得到了很大的拓展，除了作为革带之钩外，也越来越普遍地成为象

① 《后汉书》卷103《志第十三·五行一》，第3274页。
② 《隋书》卷12《志第七·礼仪志》，中华书局，1973，第274页。
③ 相关的讨论参见练春海《器物图像与汉代信仰》，第122~124页。

图 4-31 天津博物馆藏汉代阳遂及铭文拓片

征物，如由此演变出来的合符带钩，这些带钩很有可能是由男性赠送给女性的。2011 年江苏盱眙大云山江都王陵 9 号墓出土了一对兔形合符金带钩（见图 4-32）。左骏认为它很可能是一种爱情信物，推断很有道理，因为在 12 号墓（江都王的一位宠妃的墓葬）中还发现了一件合符银带钩，钩身内面铸有"长毋相忘"四字吉祥语（见图4-33），[①]大概有山盟海誓的意味。当然，从带钩分两块来看，笔者推测，它可能在某种程度上与虎符或兵符的使用方法有关，虎符是分开的两块，合在一起才管用，那么合符带钩具体是如何使用的，或许还有待于更多的实物与证据出现才可以推知。

　　从以上种种迹象来看，汉代的带钩其实除了具有实用功能之外，大概还有象征吉祥的功能，本身可能就是某种祥瑞符号、信物，然而仅有这些或许还不能解释武士斗豹带钩所具有的象征意义。武士斗豹带钩除了具有实用性之外，可能还具有辟邪功能。当然带钩的辟邪功能或压胜功能，很有可能是其祥瑞功能在汉代的另一种解读，即瑞兆的出现也意

---

① 南京博物院、盱眙县文广新局：《江苏盱眙县大云山西汉江都王陵北区陪葬墓》，《考古》2014 年第 3 期，第 24~57 页。

图 4-32    大云山汉墓兔形合符带钩

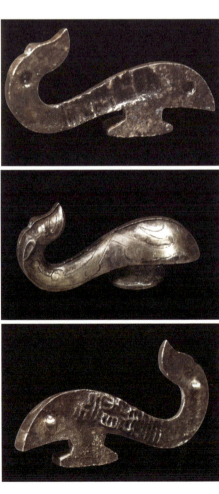

图 4-33    "长毋相忘"合符带钩

图 4-34　"乐无事，宜酒食"钱

味着邪气的消散。《东观汉记·邓遵》载："邓遵破诸羌，诏赐……金蚩尤辟兵钩一。"[1] 这件使用了蚩尤形象的带钩便具有辟兵功能。从战国至汉代的墓葬中，我们经常发现出土不止一件带钩的墓葬：山东临淄郎家庄春秋 1 号齐墓出土金带钩 2 枚、铜带钩 8 件，在其陪葬坑出土铜带钩 56 件，一人殉葬多的甚至可以达到 11 件；凤翔高庄 10 号秦墓出土金、玉、铜带钩各一件；江苏盱眙大云山江都王陵 1 号墓出土了 8 件玉带钩，其中至少有 4 件为革带的带钩。这些数量众多的带钩或许也具有辟邪、压胜的用途，关于这一点，国外的学者也有提及。实际上，殉葬带钩的这种功能，我们也可以通过汉代的一些相关出土物来增加认识。例如汉代出土的一些压胜钱上面也有带钩的图案（见图 4-34、4-35）。与之搭配的北斗星、玉胜等图案在汉代都具有辟邪、压胜的功能，关于这一点，有关研究不少，此处不赘。

[1]（东汉）刘珍等：《东观汉记校注》卷 9，吴树平校注，中华书局，2008，第 310~311 页。

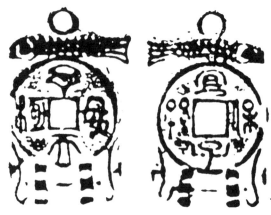

图 4-35    汉代压胜钱

　　单从武士斗豹带钩本身的艺术造型来看，它也是一件成功地用纹饰来表现功能的作品。武士斗豹带钩上装饰的人兽关系紧张，二者之间的动作、神情给人以"恐怖的印象"，这样的形象能产生震慑邪恶的力量，称得上"狞厉美"。"狞厉美"是李泽厚提出来的一种美学特征，但是他提出此说时所针对的对象是商周的青铜器。笔者在前文的分析中已经指出，商周青铜器上的形象并不表现"狞厉"或"可怖"的特征，它们基本上反映了"天人合一"的哲学思想，其美学特征应该表现为"和谐美"。战国以降，巫觋传统消退，"绝地通天"，也导致了人与自然（特别是动物）之间关系的不和谐、紧张感，因此，以武士斗豹带钩为代表的人兽组合形象通常都反映了人的主动性以及控制能力，而不是借助动物来沟通天地。

　　在分析与讨论武士斗豹带钩的过程中，我们首先是要紧紧抓住它所具有的气质，毕竟不同时代的带钩给人的印象非常不一样，通过这一点来证实它所属的时代。其次，要证明隐含在其背后的真伪问题，虽然本书假设了一个前提，那就是这件带钩确为汉代造物，但实际上这件作品也有可能是后人伪造的。有意思的是，目前我们没有见到同类的带钩，并且从图像演变的规律、纹饰所传达出来的功能来看，它是完全符合汉代的时代特点的。同时，从造物的品位来看，它也符合汉人的审美情趣。

第五章

# 艺术考古与应用

艺术考古研究在很多人看来，所涉领域太过偏狭，是与现实严重脱节的"高冷学问"。但事实是否如此呢？我们不妨从以下几个方面来探讨：一是分析艺术考古是否具有实用性的问题；二是讨论这种实用性在古代的表现情况；三是阐述艺术考古对当代的可能价值；四是列举古代中国与国外的实例，以资参考。

# 一　艺术考古的实用性

关于艺术考古研究的实用性，普遍性的看法大概是，艺术考古研究不是一门实用学问。因为艺术考古引导我们进入历史的深处，加强我们对自身的深层理解与认识，这是艺术考古最基本的功能。它虽然立足当下，比如使用触手可及的出土材料、传世文献等，但是其指向却是过去，而过去在某种意义上意味着"完结"，正所谓"盖棺"才可以"定论"。我们常说，读史可以使人明智，鉴以往可以知未来。如果把历史经验引导未来也看成一种功能，那么就是如庄子所讲的"无用之用"了，换句话说，艺术考古的价值主要是建构一种潜在的可能，而不是即时的，马上可以落地实施、兑现的价值。那么在强调短平快效应的领域真的就没有艺术考古发挥作用的空间吗？

首先，艺术考古的实用性过去常被忽略。艺术考古有实用性，但一直没有被发现。因为缺少关注，此前几乎没有学者从实用角度去思忖这个问题，即一个冷门学科应当如何与当下结合？艺术考古作为一个新兴的学术领域，发掘自身的学术属性或者说独立性尚且还是一个问题，自然它的延伸价值暂时就不会进入人们的视野。并且，相对于艺术史研究、艺术理论研究、考古学研究而言，现阶段专事艺术考古研究的学者在数量上并不多，因此该领域的研究深度与研究广度的开拓尚需时日，其中就包括对实用性问题的梳理。

其次，作为一种方法论，它不仅有实用性，而且比较多元化。比如，在我们审视一件事物时，它可以提供一种历史性的视角，从纵向的时间轴上来观照事物，对眼前事物在文化史中的情况有一个客观的把握。又如，艺术考古的研究成果可以为博物馆的学术展示提供重要的指导，为文物典藏部门的保护工作、修复工作、复制工作与收藏研究工作提供学术参考，因此完全有理由相信，它也可以为文化创意产业的发展提供历史借鉴。事实上，当下比较热门或比较新颖的学术研究动向、文化发展趋势都与艺术考古相关，比如大众考古、工艺考古、文化创意产业研究都在积极地做着探索性工作。无论是在做"古代文化"的再生、再利用工程，把高深的传统学问面向大众的文化工程，借助申请非物质文化遗产保护之机进行的文化复兴工作，还是做基于博物馆、美术馆、展览馆的文化旅游业而开拓的创意产品开发工作，很大程度上都要利用艺术考古、艺术史的研究成果。

最后，艺术考古的应用性研究还远远不够。我们不得不承认一个畸形发展的事实，在中国出现的许多创新产品，实际上却是变相的文化

图 5-1 西安仿唐代仕女城市雕塑

糟粕，而且被到处复制，以致随处可见、无可回避，甚至达到"令人生厌"的地步。它们可能是一些著名遗址、风景名胜、文化展馆内及周边地区商贩手中兜售的低劣文物仿品，小到缩小比例的、更换材料的或者是模制的各种假文物，大到管理机构设计、策划的各种主题公园，包括各种粗制滥造的假遗迹、历史人物塑像，甚至可能是罔顾事实捏造的迎合观众猎奇心理的典故、传奇，总之大多数是肤浅和单薄的（见图 5-1）。艺术考古研究者有责任让人们知道某种事物是如何在特定时代形成的，又是如何在另一个时代发生变化的，古人使用的是这种古物的哪个方面的功能，今天我们又可以如何去看待和利用这个事物，等等。

　　当然，我们也看到了一些成功的例子。比如，南昌汉代海昏侯墓葬遗址的考古发掘及媒体宣传引起了一波"汉文化热"和"海昏侯热"，对于这个文化热潮笔者另有专文讨论其特点与意义，①此处我们仅简要地回顾一下这项考古发掘成果是如何被应用的。从 2015 年开始，由于电视直播形式的介入，此前寂寂无闻的海昏侯墓考古工作一夜之间出现在广大民众的视野中，并掀起了一股"海昏侯热"，激发了人们对历史、考古的兴趣，进而扩展到对国学文化的兴趣，顺着这股文化热潮，有关的文学创作、影视创作、文创产品开发等也被有关机构、团体和个人紧锣密鼓地推进，一股以海昏侯以及汉文化为中心的"海昏侯文化热"开始持续发酵。海昏侯墓出土的大量文物为与之相关的文化艺术创作提供了深厚的土壤、丰富的原材料和广阔的空间。比如黎隆武《千古悲摧帝王侯——海昏侯刘贺的前世今生》②、胡迎建《传奇刘贺：从昌邑王、汉废帝到海昏侯》③等都取得了巨大的成功，有些甚至转化成影视剧本，实现版权输出。以海昏侯出土文物为主要内容的文化创意产业也蔚然成风。南昌汉代海昏侯国遗址管理局推出了包括以马蹄金、鹿镇、青铜雁鱼灯、玉神兽等海昏侯墓出土文物为核心造型元素来设计的钥匙扣、书签、马克杯、充电宝等系列衍生品（见图 5-2）。当然这些文创产品总的来说都失之粗糙，多数只是

---

① 练春海：《"海昏侯热"现象胜议》，《美术观察》2018 年第 9 期，第 35~36 页。

② 黎隆武：《千古悲摧帝王侯——海昏侯刘贺的前世今生》，二十一世纪出版社，2016。

③ 胡迎建：《传奇刘贺：从昌邑王、汉废帝到海昏侯》，江西人民出版社，2016。

图 5-2　海昏侯文创产品——香炉

简单转化，没有把出土文物的深层文化价值挖掘出来。这不仅跟中国创意文化产业的整体水平、层次较低有关，还跟海昏侯文化热有关，有关人士希望尽快实现对这股文化思潮的经济转化，没有耐心或足够的时间去加以沉淀和深耕。

## 二　复古和仿古

艺术考古的应用其实并不是一个在当代才凸显出来的问题，中国文化历史上绵延不绝的复古主义，在传世文献的记载中或者在出土的文物上都能够体现出来。古人总是努力地利用他们所掌握的古代知识、收集到的古物，以仿古、拟古、鉴古、怀古甚至疑古、非古等具体的活动或行为，展开文化史意义上的回溯。复古与创新似乎是两个相反的发展方向，但它们总是诡异地搅扰在一起。从西方的"文艺复兴"，[①] 到中国历朝历代的"托古改制"，[②] 无不披着复古的外衣粉墨登场。实际上，复古的本质就在于创新，在世界范围内，古代政治生态中的复古运动都是政治革新的一种重要形式。复古不仅是政治文化变革的表现形式，更是物质文化发展的一种重要形式。

关于中国古代的复古文化，李零、巫鸿等人都有比较系统的研究。[③] 李零的《铄古铸今：考古发现和复古艺术》是比较系统地研究中国古代复古的类型与复古文物和遗迹的一部著作。[④] 他举了很多有代表性的例子，比如商代妇好墓中所出土的数百件玉器中，钩云形玉器（同红山文化所出）、玉猪龙（红山风格）、玉凤和玉蝉（类似石家河所出）等，造型特点都迥异于当时的器物，这些器物或为前代所遗，或为仿古的新作；又如河北易县燕下都 16 号墓（九女台大墓）出土了各种仿照古代青铜器制作的陶器，包括食器方鼎、鬲、簋、方豆，酒器方尊、方

① "文艺复兴"发源于意大利，意大利语写成 Rinascimento，由 ri-（重新）和 nascere（出生）构成，原意为对古代希腊、罗马古典文化重新学习，但是文艺复兴并不是简单地恢复古典文化，而是借"恢复"之机，抨击当时的文化和制度，为建立新的社会制度体系制造舆论。"文艺复兴"与其说是"古典文化的再生"，不如说是"近代文化的开端"；与其说是"复兴"，不如说是"创新"。

② 托古改制思想是中国传统政治文化的一个显著特征，从先秦的诸子百家开始，到王莽、王安石，再到康有为等都提出了各种理论，本质上经历了从复古到托古的变化，是社会创新与守旧两种力量之间调和的产物。参见马德勇《传统政治文化中的托古改制思维》，《云南政治学院学报》2000 年第 5 期，第 68~70 页。

③ 除了他们之外，还有陈云倩、孟洁予、许雅惠等人的博士学位论文，甚至是一些学术会议、杂志都有专门的涉及。参见 Yun-Chiahn C. Sena, "Pursuing Antiquity: Chinese Antiquarianism from the Tenth to Thirteenth Century," Ph.D. diss. University of Chicago, 2007; Jeffery C. Moser, "Recasting Antiquity: Ancient Bronzes and Ritual Hermeneutics in the Song Dynasty," Ph.D. diss. Harvard University, 2010; Ya-hwei Hsu, "Reshaping Chinese Material Culture: The Revival of Antiquity in the Erea of Print (960-1279)," Ph.D. diss. Yale University,2010; 等等。

④ 李零：《铄古铸今：考古发现和复古艺术》，生活·读书·新知三联书店，2007。

壶、缶、勺形方爵，以及水器匜、盉、鉴，甚至还有模仿早期"璇玑形"玉器的陶璇玑等。巫鸿也从文化模式的角度深入地讨论中国的"复古"文化，他认为中国"复古"概念的出现与"祖先崇拜"有密切关系，作为一场运动，"复古"同时也是重塑历史、再造传统的一个文化生成、发展与延续过程。[①]陈芳妹指出，宋代以前的复古其实是零星的、点状的，延续性并不明显，但宋代以后，复古从"无意"发展到"有意"、从少数发展到多数，形成了一个"运动"。中国的复古文化到了宋代，经历了一个由"考古"到"玩古"的变化。以铜器为代表的古代物质文化到了宋代不是无意间出现的，而是被有意地寻访、珍藏、研究、记录和出版。[②]中国古代复古文化很早就引起学者的注意，相关研究也很多，且说法各异，但有一点认识还是比较一致的，即复古是连接"当下"与"往昔"的一个重要形式。它不但为"仿古""鉴古"等实践提供了机会，也在普遍意义上规定了现在与过去之间的传承与发展关系。

　　复古不同于仿古。复古既是一种主义，同时也表现为一种具体的实践，在这个层面上，它和仿古、拟古等行为一样，都是在"复古主义"主导下的具体行为，复古与仿古是其中最容易混淆的两个概念。以山西万荣的汾阴后土祠（见图 5-3）以及山东半岛的八主祠为例，它们从汉代或更早时起就是重要的祭祀场所，一直延续到清代。这些祠庙被不断地修复与翻建，但是整个过程始终是在模仿（或重复）之前的造型，因此它们只能被称为仿古建筑，而不是复古建筑。复古与仿古的区别还是比较明显的，同种材料的仿古，由于制作传统一直连续下来，只是观念

---

① 巫鸿：《中国艺术和视觉文化中的"复古"模式（2008）》，见氏著《时空中的美术：巫鸿中国美术史文编二集》，生活·读书·新知三联书店，2009，第3~30页。

② 陈芳妹：《青铜器与宋代文化史》，台湾大学出版中心，2016，第iii页。

图 5-3　万荣汾阴后土祠秋风楼

刻意回避时代特征，那么其本身不存在创新的问题；但复古则是传统中断以后的复原，很多所谓的"传统"其实就是"创新"，如王莽所建明堂（见图 5-4），"从考古发现来看，半是根据礼书的想象，半是参考式盘、博局，整个设计是典型的汉代想象，它所体现的是当时流行的宇宙模式"。[1] 这种情况可以说就是复古，这种古物在当时（汉代）其实是一种新生事物，含有创新成分在内，是一种探索性的恢复，因此有人直接称之为"再创新"。[2]

部分仿古也有创新问题。前面笔者说仿古不存在创新问题，前提是

---

① 李零：《铄古铸今：考古发现和复古艺术》，第 43 页。

② 陈芳妹：《青铜器与宋代文化史》，第 v 页。

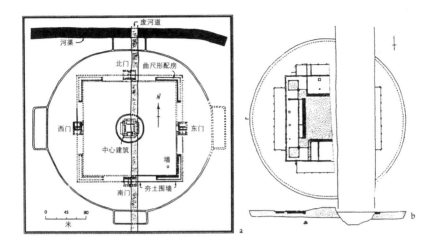

图 5-4　王莽明堂复原

被仿古物与仿造物材质相同，但如果二者材料不同则另当别论。[①] 举个简单的例子，原始时期的彩陶生产技术一直延续到商周时期，在青铜材料被发明以后，人们开始采用青铜材料来仿制陶器，但是青铜材料毕竟不是陶泥，没有办法通过盘筑或其他方式成型，如何用青铜材料来仿制各种陶器，这就是一个创新问题。仿古也是复古主义运动中很重要的一部分，各种新材料、新工艺的出现，

---

[①] 也有人将同种材料的仿古称为"古董主义"（Antiquarianism），将不同材料的仿古称为"仿古主义"（Archaism）。Jessica Rawson, "Novelties in Antiquarian Revivals: the Case of the Chinese Bronze," 《故宫学术季刊》第 22 卷第 1 期，2004，第 1~34 页。

图 5-5　汉代仿铜漆钫

都会催生一系列的仿古试验，这些仿古都是以技术的突破为前提的（见图5-5）。有时也会因为特殊的历史原因出现仿古潮，比如在清代乾隆时期，因为平定了新疆而取得了大量的优质玉材，因此出现了大量的仿古玉器（主要有尊、簋、瓶、炉等），有些玉器是直接模仿古代的铜器，有些还掺杂时样，器形虽然是古代的，但纹饰全改了。不同材料的仿古类型有很多，除了上面提到的铜仿陶、玉仿铜、铜仿玉外，还有石仿铜（如妇好墓出土的大理石制成的石觯，见图5-6）等。

此外，还有一类是出于功利目的仿古。复古行为并不都出于崇古、尊古的观念，也有以追求利益为目的仿古，称为"伪古"，其目的在于"乱真"，所制器物即"伪器"，[1]充当真器用以牟利。伪器大概出现于宋代以后，伪器的类型有很多，有在真器器身局部做假的，包括增加部件、刻铭、刻纹等，也有用真器碎片或残件拼装

① 《聊斋志异·狐惩淫》中提到一种名为"藤津伪器"之物，李零认为此"伪器"特指模仿阳物之器。参见李零《万变：李零考古艺术史文集》，生活·读书·新知三联书店，2016，第415页。

图 5-6　石觯

成一器的。如果伪造的是整器，那么作伪者就会努力通过各种技术手段来加深它的历史感、沧桑感。因此我们有时很难区别哪些器物在当时是仿器、哪些在当时是伪器，但伪古与仿古的本质是不同的。伪器虽然经常也要用最新的物理化学技术来达到目的，但是这种创新却是为人们所不齿的。

　　总的来说，不论是复古还是仿古，很多时候都伴随着创新的痕迹，这些痕迹有些是刻意而为，而有些则是无意中带入的，但在当时的语境中，都是作为"时髦"之物出现，是一种突破常规的"新"事物。鉴于仿古、复古的特点，有些学者"试图将古物的复古放在创新的观照中，给予理论化"，[①] 这是非常有意义的努力。

---

① 例如，2003 年台北故宫博物院举办的"古色——十六至十八世纪的仿古风"研讨会。参见陈芳妹《青铜器与宋代文化史》，第 v 页。

# 三　鉴古与开新

## （一）二者的关联

　　创新是民族文化适应时代发展的内在要求。创新是文化发展的源头活水，文化创新的思路除了向内挖掘之外，还要向外拓展。向外拓展有"古、今、中、外"四个维度。从这四个维度与当下文化的关系来看，"中""今"是近端，而"古""外"则是远端。"中""今"与当下文化交织得非常紧密，两者呈现水乳交融、不分彼此的状态；而"古""外"与当下的文化则是若即若离的状态。因此，如果把"古""外"这两个维度与当下文化结合起来，便能找到最有附加值的文化增长点。但是与异质文化相结合并非易事，外国的文化传统与我们的文化基因不同。文化创新（产业）在西方有着非常悠久的历史传承，从工业革命起西方的创意文化就一直很发达，有许多产业已经发展成不可撼动的文化帝国，比如迪士尼文化乐园（Disney Land），已经形成了一套能够迅速把各国文化转化成具有强烈"迪士尼风格产品"的机制。我们的文化要是去跟它们相结合，结果很有可能是被消化、吸收、利用，而不是创造出新的文化热点。[①] 因此只剩下与"古"结合这条坦途了，与中国传统文化结

---

① 关于中外文化结合的问题，有两点可作补充。第一点就是我们吸收了外国文化，却创造了一种有"中国特色"的洋文化。对于一个包容的、开放的文化古国而言，这也是有先例的，佛教传入中国时的早期状态便是如此。这种异质状态经过将近五百年的时间，也就是隋唐时期才逐渐中国化和本土化。第二点就是我们经过努力和挑战，直接结合国外的文化形式创造出某种新的文化增长点，而这种情况出现的概率较低。书中提到中外文化结合问题，旨在说明当下文化与传统文化相结合更具优点，故不做展开。

合是一个极佳的"创新"途径，能够以极少投入结出丰饶硕果，毕竟中国有数千年积淀的文化土壤可以提供厚实的基础。

文化创新要与传统相结合，前提是先总结传统的精华，即鉴古。以传统为基础的创新形式有多种，前文提到的复古、仿古是其中有代表性的形式。复古、仿古的"内容"和"形式"都在历史上出现过，所以它们的创新性体现为一种观念。时代总是不断地向前发展，那么后退或者回顾就成为另一种意义上的"新"。但无论是仿古还是复古，前提都是要先鉴古。鉴古不仅能够为模仿或复现古代的技艺提供参考，还能梳理和总结古代的经验、方法，为当代技术创新、形式发明提供学理上的依据。

艺术考古是鉴古的重要方法。传统文化的表现形式除了有非物质文化遗存以外，还有物质文化遗存，而且数量更为庞大，甚至在多数情况下，非物质文化遗存也是依附于物质文化遗存而存在的，因此有关鉴古的工作（也就是艺术考古的学术研究）就显得非常重要。艺术考古研究的主要对象是出土的文物，所以它的重点就体现在对于历代出土或传世实物（包括人工造物和非人工造物）的考察上。尤其是以手工艺品为代表的人工造物，相关的研究对于今天的文化创新具有重要的学术价值。

## （二）存在的问题

当代中国的手工艺产品市场充斥着低劣的仿古。新中国成立以来，我国手工艺产品的发展经历了一波三折，最近一波是在以保护非物质文化遗产、以传承中国传统手工艺为使命的契机下发展起来的，但是目前的手工艺品市场仍存在泥沙俱下、鱼龙混杂的现象。公私收藏企业和个人、手工艺品爱好者以及有关学者们对此现象早已有所臧否，其中关于手工艺从业人员创新的整体水平颇受诟病。审视今天的手工艺品交易市场，许多所谓的手工艺创新产品其实都是对古代文化产品的仿制，从题材（如神话故事、才子佳人、神禽瑞兽、历史故事）、技术（如以明式家具为代表的古典家具生产）到语言（如模仿传统书画的刺绣，模仿古代青铜器的景泰蓝制作，模仿传统书画的石雕，如图5-7）进行了多层次、多角度的仿制，但精品不多。关于传统手工艺的创新问题有很多研究者做过探讨，尝试解决这个棘手的问题，但现在看起来多数均以失败告终，主要原因是现代生活的快节奏步伐与快餐式的消费文化语境不能很好地提供传统的诗意温床。传统文化中的经典器物其实包含着礼学、哲学观念，与以舶来的包豪斯（Bauhaus）美学为内核设计出来的工业化产品不一样。包氏美学是应大工业生产之需而兴起的一种设计美学，

图5-7　陈礼忠寿山石雕作品

旨在用简单、粗暴的方式来满足大众的日常需求，其设计的目的仅在于满足功能，但是太过呆板、机械，没有人情味，因此与中国传统文化中的审美观念无法兼容。这个问题说起来很复杂，笔者拟另文专论。

中国传统创意文化产业的发展面临着诸多问题。国家振兴传统手工艺行业和加强非物质文化遗产保护的号召，确实给中国当代手工艺行业、非物质文化遗产传承与保护行业的发展提供了强劲的动力，有关部门也做了很多的部署、投入与安排，甚至从局部来看，还取得了相当可观的效果。但是在深入这些行业的内部进行更为全面的了解后，我们会发现，这些行业的发展事实上并不像人们想象的那样蒸蒸日上，而是正在经历着"冰火两重天"。这种现状在某种程度上正是造成行业内部巨大浪费和人才流失，甚至是导致行业畸形发展的根源。下面仅从如何通过艺术考古研究中国传统文化，挖掘古代文物的精华，借鉴古人的造物观念等方面做一些阐发。

其一是要正视虚假的行业热。虽然近年来中国经济发展速度的整体放缓，影响了中国传统手工艺行业、非物质文化遗产传承与保护行业的发展，但这并不是导致这些行业发展受挫的主因。手工艺行业热，其实是早些年商业运作推动的结果，那时因为经济处于上行阶段，所以无论这个行业本身景气与否，经济上行总可以给手工艺行业的商业运作腾挪出一点空间来，再说有些手工艺行业本身面临着资源性枯竭、人才断层的问题，因此其产品的价格一时坚挺，不易滑落。最近几年，政府对房地产调控一直在持续进行中，使得原有的民间资本流向发生改变，包括古董、现代手工艺精品、书画作品在内的艺术品成为资本逐利的下一个目标。问题也在这里，资本具有盲目性，它会导致不平衡，名家作品因此被争相追捧，而普通艺人作品则少有人关注，但这只是问题的一方面，毕竟优质艺术品在任何时代都是藏家竞相收购的对象。问题的另一方面是，国家经济结构导向所引起的艺术品市场波动与通常情况下手工艺品市场的行情变化有本质的不同，因为前者加剧了市场分化。我们要注意的是，因为有行业热的存在，实际上也造成了两极分化，这些炙手可热的工艺美术师团体或个人（还不包括恶意竞争者）会从普通从业者那里抢夺资源，使得资源分配进一步地向占优势者倾斜。

其二是要重视市场冷清的现实。对于当下手工艺行业比较冷清的一面，笔者认为这更值得重视。手工艺行业的普通从业者是行业发展的主流、传承的中坚力量。那些杰出的代表在行业里总是凤毛麟角，很难说他们是传承技艺的重要渠道或者主要力量。他们常常立志要去做一个艺术家，手工艺在他们那里蜕变为一种创作媒介。那么很显然地，他们开始抛弃自己最接地气的一面，不再强调（甚至刻意回避）作品的实用性（功能）。因为这层关系，笔者以为，手工艺产品的创意设计，一定要回到产品的实用性上来，这是根本性的，历代手工艺产品都具有这个特性，只有建立在实用的基础上才能谈创新，甚至在"更为实用"（比如引入绿色概念、环保概念等）的基础上谈创新。

## （三）手工艺的未来发展

其实，手工艺的名称本身能带给我们很多的启示，我们不能忽略其中更为本质的东西。我们在发展传统手工艺行业的时候要突出它在中国传统文化系统中的文化特点。手工艺的"工"字本身很有特色，①

---

① 此处不谈"艺"字，"艺"字的本义为种植，是一个更为古老的概念，而且其衍生义还涵盖了手工艺之外的其他艺术门类。

图5-8　女娲执矩形象

本义是一种工具——矩，字形一竖连接两横，表示规范之意，这个符号在艺术考古学上也是具有典型意义的存在（见图5-8）。它表明手工艺可以连接两端，一方面是艺术性，另一方面是实用性，不偏不倚才是手工艺发展的本质。这也说明，我们在传统手工艺发展的策略上，要以整体而不是个体为目标；要以推动艺术性与实用性相结合为导向，而不是倒向技艺的一面。其实这也是它最本质的一面，是它与纯艺术创作相区别的一面。

实际上，就推动传统手工艺的整体发展而言，基础建设是一个更为重要的话题。基础建设包括很多方面，如创新能力建设、基本环境建设、人才梯队建设等，涉及诸多内容。以下就从笔者在对出土文物的艺术考古研究中所获得的认识出发，简要地谈谈中国当代手工艺的创新问题。

其一，以史为鉴说创新。当代的中国手工艺行业要如何发展？当代手工艺产品要如何创新？说起来其实很简单，就是要坚持未来导向性，但是做起来并不容易，因为没有人可以预知未来，只能通过推演。"以史为鉴"，可以考察手工艺的历史，考察古代的手工艺品，通过考古发掘出土的文物、传世文物来预测手工艺未来的发展趋势。

我们不妨举一个例子，历史上很多精美的手工艺品都是文化与器物的结合，因为有了这种结合，所以延续了它的生命。比如紫砂壶，这种手工艺品与普通的陶器到底有多少区别，实际上没有人能够说得清楚，但有一点却是其他同类茶壶不可比拟的，那就是它作为一种非常特殊的陶壶，在历史上与特定的历史时期、文化名人、文化观念结合在一起，已经渗入历史，沉淀成文化的一个重要组成部分（见图5-9）。历史上紫砂壶的制作、保存、修复、传播又衍生出一系列的次生文化，而这些文化的震荡进一步加强了紫砂壶文化的历史厚重感。相比之下，历史更为悠久的建盏，在文化厚重程度上就要稍逊一筹。建盏代表有宋一代的斗茶传统，但它在这个传统中更主要的是作为工具出现（见图5-10），

图5-9    清代杨彭年制曼生铭半瓜壶

图 5-10 宋代建盏

关于建盏的讨论非常有限，似乎没有故事与传说可以想象。迄今为止，人们努力恢复的也只能是建盏独特且不可重复的工艺，但是在文化层次上，它最多只能是一个仿古的用具，而不似紫砂壶，始终都是一代文人匠心与器物的交汇。

其二，面向自然取材。手工艺产品的设计如果过于讲究现代语言的介入，那么它就走向了设计艺术，而不是传统的手工艺。手工艺产品在材料上应该是有所限制的，它是农耕时代的产物，因为限于传统，利用随手可得的自然材料才是正途。在适用技艺上，也应该有所限制，不能够过于依赖现代高科技，否则也会成为现代科技的附庸。我们诚然相信当代科技可以减少人力成本，可以创造出更为环保的产品，但问题是高科技所制作出来的往往也是冷漠的、有距离感的东西，而这种不足恰恰是手工劳作所能弥补的。这也是为什么我们面对前现代时期出土或传世的文物，总有一种难以明说的亲切感。摒弃典型的现代产品、工艺，回归自然，面向自然取材，不仅符合环保的要求，更体现了天人合一的精神。

其三，追求卓越的精神。我们一直在谈工匠精神，什么叫工匠精神？把手工艺品用砂轮打磨得锃亮就叫工匠精神？把线刻得像头发丝那么细就叫工匠精神？古人对器物制作精益求精，这个精的标准是心理上的而不是物理上的。古代许多优秀的艺人其实都非常尊重自己所从事的行业，把自己毕生的精力都奉献给行业，努力追求出类拔萃，这种追求常常出于超越掺杂世俗的物欲的热爱。这是焦躁的和充满功利心的现代手艺人很难理解的。每作一器，当代匠人常常会认真核算成本，斤斤计较于一器的得失，而忽略了长期的回报。因此，所谓的工匠精神在他们的眼中就变得非常的狭隘，没有把个人的精力贯注于产品气质的建构、个人品牌形象的塑造和文化符号的传承上去。这种短视从纵向的历史维度看，无法与中华文明延绵不绝的文脉相接续；从横向的国际手工艺传统来看，也无法与国际上那些著名的手工世族和企业［如劳斯莱斯（Rolls-Royce）、伯尔鲁帝（Berluti）等］相比。

其四，崇尚有限的"设计"。凡是工艺品都必然有造型，同时大多数也是有纹饰的。什么样的造型才是好的？是现代的、极简主义的，还是融入国际元素的？其实都不是，因为我们如果把这些东西都放入手工艺产品里面，就会把手工艺引向设计艺术。设计艺术是一个现代话题，在很多时候并不讲究传承，设计本身是一个当代观念，它有反叛传统的当代性内涵。手工艺产品不得不进行设计，那么如何把握设计的"度"就变得非常重要。很重要的一个标准便是，设计要遵从民族的自然心性，合乎这种自然的心性，令人感觉舒适的就是好的。为何要强调这点？因为手工艺实际关系到民族的文化传统，如果离开传统，一个民族的手工艺文化就无从谈起。以玉器为例，中国人喜欢玉的温婉，但在欧洲人眼中，用这类材料制作的物件显得太过平淡无味，因此同样的玉制品在他们看来就没有什么艺术价值，

图 5-11　金镶和田玉吊坠

那些以外销玉饰为主要经营目标的从业者，往往会在传统的玉饰上面镶嵌翡翠、金银来提高对顾客的吸引力（见图 5-11）。所以在手工艺品的纹饰与造型设计上，要用传统的眼光来衡量它。如果偏离这个轨道，那么所谓的手工艺品设计就会变得非常怪异。

其五，坚持取舍得当的传统。自古以来，中国的工艺美术就一直在吸收外来文化中的精华并将之内化为自己的传统。这种内化现象有一个前提，即被转化的对象必须是中国传统中没有涉及的，而不是与中国传统文化相龃龉者。比如，中国传统文化比较含蓄，它对肉身有一套自己的看法。传统手工艺品可以表现赤膊表演的百戏艺人，或者可以表现具有辟邪作用的神兽（见图 5-12），但是不可以表现丰乳肥臀的女性裸体造型，否则就会令人觉得不伦不类。然而如果是中国文化史上没有出现过的事物，则又是另一番风景了，比如皮囊壶（见图 5-13）。这是游牧民族文化与中原农耕民族文化融合的产物，这种带有异域特色的产物很快就在中国传统文化中留存了下来。又如胡人的凳子、椅子，更是从

图 5-12　海昏侯墓出土玉佩饰

图 5-13　鎏金舞马衔杯银壶

宋代以后就成为中国人不可或缺的坐具。

当然, 最重要的仍然是手工艺人要通过学习和借鉴艺术考古方面的知识来提高自己的眼界。手工艺人要进行创新, 从古代文化中汲取营养, 就必须对传统文化有较为系统的认识, 否则面对传统必然一片茫然, 不知何种举止是恰当的, 或者如何去做, 更有甚者丑态百出。汉八刀工艺确实是秦汉时期琢玉工艺的精华, 但是用汉八刀技法制作出来的玉蝉 (见图 5-14) 是汉代墓葬中死者口中所含之殉葬物品, 消费者如果知道这种精美的挂饰原来如此"晦气", 断然不愿意买来挂在自己的脖子上。

除此之外, 手工艺人还要多看古人制作的精品, 把自己的手艺跟他们的手艺进行比较, 发现自身的不足, 了解古代工匠水平高超之处。比如唐代何家村窖藏出土的走龙 (见图 5-15), 从图录上看非常有气势, 但实物其实很小, 只有 3~4 厘米, 仅从图片上观察, 很难把握它的精髓。

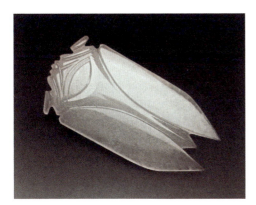

图 5-14　汉墓出土玉蝉

图 5-15　何家村窖藏唐代金走龙

它实际上跟微雕一样，麻雀虽小、五脏俱全。最为关键之处不是它的造型有多精致，而是它的传神与气势。其造型之矫健，丝毫没有人工雕饰感，非常大气，放大许多倍，结构也不会走样，这点或许是今天的手工艺人难以企及的，很多手工艺人只能制作固定的几种工艺品，甚至是特定产品的特定类型，如果稍微超出他们的常规业务范围，那么所造之物便支撑不起来，内容空洞、语言苍白。

# 四　他山之石

2016 年 12 月，笔者参加了中国艺术研究院在泉州举办的"一带一路"国际学术会议。会议要求与会者各自根据分议题做相关的学术报告，笔者报告的题目为《丝路考古与文化创意产业发展：以战国秦汉裂瓣纹豆为例》，讨论从战国到秦汉时期中国沿海地区出土的一批"裂瓣纹豆"。从这批出土的"裂瓣纹豆"来看，笔者发现它们之间存在关联。当时的报告正是通过分析其中的关联，探讨制作"裂瓣纹豆"的动因与文化背景，也正是通过探讨裂瓣纹豆，笔者意识到研究艺术考古能为文化创意提供思路。

"裂瓣纹"为模仿绽放状花朵的纹饰，以中间花心状的圆（有时为同心圆）为中心，周围环绕向外展开的花瓣形状。对于这种纹饰，国内学界叫法很不统一，有学者称之为凸瓣纹（fluted decoration），也有学者称之为水滴纹 (tear shaped decoration)，这些命名均有以偏概全之嫌，经过综合考虑，笔者仍觉得以李零的命名为妥。[①] 裂瓣纹是一种在西方流行时间长、分布空间广的器饰，遍及埃及、希腊、土耳其、伊朗、阿

---

① 李零：《论西辛战国墓裂瓣纹银豆——兼谈我国出土的类似器物》，《文物》2014 年第 9 期，第 58~69 页。该文后收入氏著《万变：李零考古艺术史文集》，有改动，改动之处均以后者为准。参见李零《万变：李零考古艺术史文集》，第 107~134 页。下文相关讨论，如果没有特别指出，一般均引自此文。

图 5-16　薛西斯金碗

富汗等地（见图 5-16）。我们要讨论的裂瓣纹豆便是器物主体部分以这种使用锤揲工艺制作的"裂瓣纹"装饰的"裂瓣纹银盒"，盒盖上加钮，器身有圈足，整器为豆状结构，具有显著的异域风格。

要深入、系统地对"裂瓣纹豆"的相关问题进行研究，掌握原始材料显得非常重要，除了要关注材料的真伪以及等级情况以外，对材料的"充分"掌握也非常重要。如果没有"尽可能"地掌握原始材料，或开展系统的调查，那么容易使讨论陷入以偏概全的误区，甚至得出完全相反的结论。李零对这些裂瓣纹豆的研究算是迄今为止最为系统和完整的，笔者再次梳理这个话题时，没有发现其他新材料。因此，我们基本可以确认，目前国内收藏或出土的具有科学发掘信息的裂瓣纹豆总数仍然只有 10 件，它们分别出土于晋宁、广州、盱眙、巢湖、临清、青州等沿海地区的考古遗址或墓葬中，时间是从战国到秦汉时期，长达 3 个世纪，且出土文物以西汉为主。接下来，我们就按照年代的顺序，对这 10 件裂瓣纹豆的基本信息和视觉特征做一个系统的介绍，以便于后面讨论的顺利展开。

战国时期的银豆两件：

均出土于山东青州西辛战国墓。年代为战国末年（约公元前 3 世纪晚期）。

银豆一（见图 5-17），高 10.6 厘米、腹径 11.6 厘米、底径 6 厘米，重 375.25 克。盒体部分是用银片锤揲而成，"因受力不均，有些地方太薄，容易造成破损，器壁有很多漏洞和小眼，就是属于破损，并非范铸的气眼"。[①] 器与盖以子母口扣盒，盖口錾刻弦纹，鎏金。口沿之下，器壁饰双层裂瓣，盖饰三青铜纽，造型不可辨，似为卧姿虎豹。底接青铜圈足，有鎏金痕迹，圈足内嵌漆木底。器纽、圈足没有铆接痕迹，似焊接。圈足内嵌漆木盖，似钤方印，但印文不清。

银豆二（见图 5-18），高 10.6 厘米、腹径 11.6 厘米、底径 5.8 厘米，重 385.03 克，器口似受到挤压而略有变形，器壁很薄，破损比较严重。器形、纹饰和制作工艺均同银豆一，圈足内也有漆木盖。

图 5-17　西辛大墓出土银豆一　　　　图 5-18　西辛大墓出土银豆二

---

① 李零：《论西辛战国墓裂瓣纹银豆——兼谈我国出土的类似器物》，《文物》2014 年第 9 期。

西汉时期的银豆四件：

银豆一（见图 5-19），1997 年巢湖市北头山 1 号墓（曲阳君胤之墓）北边箱出土，编号为 BM1：22。器高 11.4 厘米、口径 11.2 厘米，约重 364 克，无纽，有底座。年代为西汉，公元前 2 世纪左右。李零以为："此器也是半成品，不但三纽阙如，而且连焊点也未做。器口带饰未鎏金。"[1] 李零的推断有一定的道理，这种半成品有可能是故意为之，因为它是殉葬品，半成品符合明器"备而不用"的丧葬礼仪规范。[2]

图 5-19 北头山 1 号墓出土裂瓣纹银豆

银豆二（见图 5-20），1978~1980 年山东淄博临淄大武乡窝托村西汉第二代齐王刘襄之墓随葬坑（QK1）出土，年代可参考墓葬下葬年代（约为公元前 179 年）。器物编号 QK1:72，高 11 厘米、口径 11.4 厘米，重 570 克。该豆的特点是兽纽，圈足为铆接，而不是焊接。无器口带饰。

---

[1] 李零：《论西辛战国墓裂瓣纹银豆——兼谈我国出土的类似器物》，《文物》2014 年第 9 期。

[2] 有关明器特征的讨论可参见练春海《器物图像与汉代信仰》，第 4~8 页。

银豆三（见图5-21），2009~2012年江苏南京盱眙县大云山1号墓（西汉第一代江都王刘非墓，下葬时间为公元前128年）前室盗洞内出土，编号M1K16：661，高12.1厘米、口径13.2厘米，重量不详。该豆盖部虽然做好了焊点，但三组未安。

图5-20　窝托村齐王墓出土裂瓣纹银豆

银豆四（见图5-22），1983年出土于广州象岗第二代西汉南越王赵眜墓（该墓下葬时间约为公元前122年）主棺室足箱，编号D2，高12.1厘米、口径13厘米，重572.6克。此器出土时器壁光滑，大体完好，唯器壁一侧留下若干小洞，有圈足，造型与大云山1号墓出土银豆几乎完全相同。

西汉时期的铜豆四件：

铜豆一（见图5-23），1956~1957年在云南晋宁石寨山滇王族墓地11号墓出土，年代为西汉（约在公元前175~前118年），编号为M11：6。此器为镀锡青铜器（镀锡又称鎏锡，是滇青铜器上常用的加工技术，其光泽仅次于银器），盖上铸有三鸟纽。

铜豆二（见图5-24），1956~1957年在云南晋宁石寨山滇王族墓地12

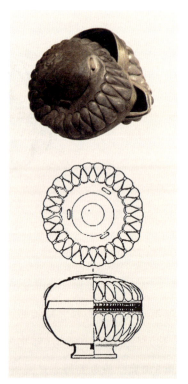

图5-21　大云山1号墓出土裂瓣纹银豆

图 5-22　南越王墓出土裂瓣纹银豆

号墓出土，年代为西汉（约在公元前 175~ 前 118 年），编号 12 号墓：33。此器高 12.5 厘米、口径 14.2 厘米，盖纽铸有三兽。[1]属镀锡青铜器。

铜豆三，1958 年冬晋宁石寨山滇王家族墓地 23 号墓（西汉晚期墓）出土，高 11 厘米，属镀锡青铜器。

铜豆四，1958 年冬晋宁石寨山滇王族墓地 23 号墓（西汉晚期墓）出土，高 11 厘米，属镀锡青铜器。

收集、整理数据的工作完成后，下一步就要对数据进行分析了。从以上所得数据来看，其实可以总结出以下规律和特点。其一，这些器物的出土地主要分布在中国东南沿海地区，表明它们的来源或许与海上运输有关，或者基本上就是来源于安息、罗马等地。[2]其二，它们的尺寸实际上都很小，不逾一拳。而且年代越早的越小，出土地越往北的越

① 晋宁县文化体育局编《古滇王都巡礼：云南晋宁石寨山出土文物精粹》，云南民族出版社，2006，第 113 页。关于此器盖上之兽纽造型，李零以为是豹纽。

② 参见孙机《凸瓣纹银器与水波纹银器》，载氏著《仰观集：古文物的欣赏与鉴别》，文物出版社，2015，第 263~277 页；饶宗颐《由出土银器论中国与波斯、大秦早期之交通》，载《华学》第 5 辑，中山大学出版社，2001，第 1~13 页。

图5-23 石寨山11号墓出土裂瓣纹铜豆　图5-24 石寨山12号墓出土裂瓣纹铜豆

小，云南晋宁出土的尺寸最大。其三，从制作方法上来看，可以分为两类，即一类是银豆，另一类是铜豆。银豆出现得早，出土地分布在沿海地区，铜豆出现得晚。银豆为多种工艺多次加工而成，铜豆为一次加工而成，后者仿造前者。其四，器物的主人都是诸侯王。其五，盒身带有异国情调，银盒为进口或在本土请外国工匠制作，铜盒为本土仿制。总的来说，这些裂瓣纹豆所包含的信息量比较大，具体需要分几点来讨论。

首先，我们要说这几件银盒与外贸的关系。在此处可以分为直接的与间接的外贸关系，有直接关系的是六件银豆，铜豆只有间接关系。根据李零的观点，战国晚期到秦汉时期相当于伊朗地区的帕提亚王朝时期（公元前247~前224年，即我国古代文献中所记载

图 5-25　裂瓣纹银豆（左）与裂瓣纹铜豆大小比较

的安息国），中国与西方进入了第一个商贸往来、文化交流的高峰期，可见这几件裂瓣纹银豆与中西方贸易密切往来有关。关于这批器物是在何处制作的，学术界有两种看法：一种认为是外国制造，经海路或陆路传入中国；另一种则认为是本地铸造，完全是中国人的作品。[①] 前者以孙机为代表，后者以倪克鲁为代表。孙机的观点为大多数学者所认可，毕竟目前还没有证据显示银质盒体、金银锤揲工艺是中国传统工艺。而倪克鲁的依据是这种类型的银盒在西方也没有找到原型，并且有些银盒在他看来还是铸造的。"铸造"这个说法已为李零所否认。[②] 就笔者看来，在西方没有找到同类型的产品，并不表示它们就是中国本地所产的，就像明清时期

① 其实赵德云提到的一个观点也很值得注意。他说广州南越王墓出土的裂瓣纹豆，器盖、器底原有铭文，附加凸楔和圈足后，有的遭到了破坏。在他看来，这说明裂瓣纹盒在改造之前"已在南越国被使用了一段时间"，笔者以为这未必是事实，但这种迹象确实表明了裂瓣纹盒做成之后，经历了转移，留下了各种验收（包括物勒工名）、登记、收藏的痕迹。参见赵德云《凸瓣纹银、铜盒三题》，《文物》2007 年第 7 期，第 81~88 页。

② 李零：《论西辛战国墓裂瓣纹银豆——兼谈我国出土的类似器物》，《文物》2014 年第 9 期。

出口的瓷器一样，很多订单都是按照外国要求生产的，他们有时甚至提供设计样稿，因此裂瓣纹盒源于西方应该不会有太大问题。此外，它们经过焊接或铆接这一点也说明了其主体是舶来的。因为如果那些银豆是在中国本土制作的，并且用不同材料加工出器身的不同部分然后进行组合，那么我们就要追问这么做有何特殊意义？人们为什么不直接将这些银豆制作成一体，像云南晋宁出土的铜豆那样？显然，这是不符合常理的。可见银豆的盒体在当时是非常罕见的奢侈品，是由外国使节带来的贡品或者远渡重洋的商人贩运来的物品。

其次，要说一下银盒与豆的关系。裂瓣纹豆非常特别，它是经过再次设计加工的产品。在前面的讨论中，我们通过比较这些具有异域风格的器物，知道构成这些裂瓣纹豆的核心要素（裂瓣纹盒）当为舶来品。可以想象，这种裂瓣纹盒的生产与设计者在制作这些银盒时，可能没有想到它最后的模样及使用方式。因为那些工匠是按照本民族的文化传统、使用习惯去设计和制作那些银盒的。有两点可以证明这种产品备受当时中国上层社会的青睐：一是在古代中国贵族墓中出土了各种带裂瓣纹饰的金银制品；二是在滇王家族墓地中发现了相关的仿制品。但人们以何种眼光来看待这类风格独特的事物呢？这种银盒与中国传统器物形制的神韵不合，银盒作为奢侈品虽然被接受了，但却是有条件的，是有所保留的，因此人们会产生改造的想法。其实换一种眼光和角度来看，它和我们今天的文化创意本质是相同的，都是为了更好地满足需求，只不过在这里需要进行易位思考，即我们要把古代贵族的身份与当下消费者的身份互换。思考这个问题采用何种"态度"至关重要，这取决于使用者的主体性。若使用者为诸侯，那么就按照诸侯的需求；若使用者为现代消费者，那么就按现代消费者的眼光。古代贵族在改造银盒时，参照对象不约而同地集中到中国传统的"豆"，这显然是其功能使然。思考怎么把异质的"裂瓣纹盒"转化为中国传统的"豆"式器物（见图5-26），根据"豆"的结构特点，使外来的银盒转化为"豆"的部件，既满足了贵族群体的认同感，银盒的形式、功能也完全被包容或取代。

图 5-26　曾侯乙豆

接下来，再谈谈银豆与铜豆的关系。由于中国传统工艺并不擅长对银的加工，因此只好用相关的设计来弥补，这就是青铜焊接或铆接工艺，这样经过加工的产品从外形上看基本就符合"豆"的标准了，有豆身、纽和柄足，豆身就是银盒（见图5-27）。这些银豆实际上是银铜的复合体，但是滇国出土铜豆的特点又有所不同。一是当时滇国虽然对于中原地区贵族的各种奢侈品非常感兴趣，但是因为渠道的问题，可能受身份或条件限制无法获得那些奢侈品，只能自己进行仿制。二是银器的造价很高，因此滇国贵族使用了较为廉价的镀锡铜来代替。三是沿海地区出土的裂瓣纹豆，其本身就是一个改制品，在某种意义上，有些因素是不可选择的，比如汉文化区不擅长银加工工艺技术，因此只能采用焊接或铆接青铜部件。而滇国自有其技术上的优势，可以达到一体制作并且器物表面也非常光亮的效果。四是中国古代没有办法实现锤揲技术，所以当时滇国就改用了范铸技术。

最后，总结一下"裂瓣纹豆"给我们的启示。裂瓣纹豆这种器物在古代中国的流传与仿制，这个现象非常值得我们关注，它对我们思考文化创意的核心要素是什么很有帮助，我们一定要厘清这个产品可能会涉及的若干技术、风格和文化特点。对于产品的哪一部分源自什么器形，用什么技术加工，产品可用来做什么等问题，不可含糊。就像古代墓葬中出土的"握猪"一样（见图5-28），如果我们不知道它原本的功能是什么，就仿制出类似的手工艺品向社会推广。顾客购买后拿在手里把玩，这将会是很诡异的情景。从传统的丧葬礼仪或民俗学的角度来讲，

图5-27　裂瓣纹豆设计制作原理

图 5-28　玉握猪

"握猪"并不是通常意义的"传家宝"象征，而是特别为死者准备、带往另一个世界的"财富"符号，生者把玩此类物件是要"触霉头"的。在清楚被加工素材所蕴含的文化意义之后，我们还要弄清楚最后形成的意象是什么，那个形象要表达什么观念，要如何制作才能正确传达事物的象征意义。只有综合考虑和处理各项要素，才能把文化创意做好。

其实，我们还可以做一些延伸性的探讨，这些讨论如果出现在单篇的学术论文中，可以穿插在有关的讨论中进行。但此处为了说明我们探讨问题的思路，笔者把它单独抽取出来。这种延伸性的探讨有两种类型：一是讨论裂瓣纹豆其他方面的问题，从而对前面所要讨论的问题进行补充说明；二是讨论在性质上与裂瓣纹豆具有共通性，但在内容上却没有什么关系的事物。以两个西汉时期的当卢为例，[①]它们之间所反映出来的联系与裂瓣纹豆比较相似。第一件是出土于南昌汉代海昏侯墓的当卢（见图 5-29），当卢上有一只朱雀作展翅回首、张喙鸣叫状。雀尾分成三组，每组端部有一孔。朱雀头羽上也有一孔，雀身上亦有孔，并且较其他孔都大。或以为这些孔中可能安有珠饰，但现已佚失。另一件当卢则来自石寨山 7 号汉墓（见图 5-30），通高 13.6 厘米。它的形状与海昏侯墓所出当卢几乎完全一致，是一件经锤揲工艺加工成的铜片。与前者不一致的地方是，这件当卢上的朱雀无论是雀翎上的眼还是头羽上的珠饰，与当卢的其他部位都是用同种材料一次加工而成的。[②] 两件当卢均为铜鎏金制品，其中一件当卢（或同批产品）很可能是另一件的原型。因为两件当卢上的朱雀纹样除了造型完全一致以外，朱雀右脚后侧的一个凸起状细节也基本一致。连这样细节都一样只能说明一个问题，那就是两件当卢一定经过了翻模复制这道工序。当然石寨山 7 号汉墓的当卢，在翻模后还经过一些细节上的加工，有些结构被修改，如朱雀腹部的一处珠饰，经过修改后过渡更为自然，而有些细节则被减省了。通过对比，不难发现，石寨山当卢不仅继承了海昏侯当卢（或它的同批产品）的造型特点，在制作上又极具典型的地方特色，用锤揲工艺进行加工。其实，我们发现普驮铜鼓墓出土的一件铜鎏金当卢与海昏侯墓出土的另一件

---

① 孙机认为此物在汉代当为马珂，而马珂可能系于胸前或马尻。但是从刘永华的研究来看这种尺寸较小的物品也有可能是用于马面的当卢，因此权且以当卢名之。参见孙机《中国古舆服论丛》（增订本），上海古籍出版社，2013，第 99 页；刘永华《中国古代车舆马具》，清华大学出版社，2013，第 175~178 页。

② 有人称之为鎏金孔雀纹当卢，"孔雀纹"之说不当，当为"朱雀纹"。参见晋宁县文化体育局编《古滇王都巡礼：云南晋宁石寨山出土文物精粹》，第 54 页。

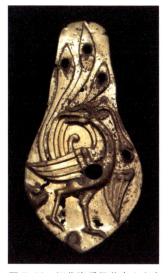

图 5-29　汉代海昏侯墓出土当卢

当卢图案也非常接近。[1] 但是这两件实物在轮廓形状上有所差别，很明显海昏侯墓中所出为舶来之物，与传统当卢的纹饰特点有所差别，而普驮铜鼓墓所出为仿造物，仿制之时结合了传统当卢的外形样式，材质改为铜鎏金，但在图案上却是完全一致的。这两个例子表明，对裂瓣纹豆、当卢等中原地区上层社会流行的奢侈物的仿制行为，在滇国贵族中非常常见。李零认为："西汉时期，裂瓣纹豆多出于诸侯王陵。无论皇帝所赐，还是王侯自造，都是高等级的身份象征。滇王是藩王，地位不如汉王，降格以求之，只能以铜代银，但其仿制对象仍是高等级的银豆。……古人把银、锡视为类似的金属……锡器制造，在云南很有传统。"[2] 这段话较好地概括了滇国与中原的物质文化交流与影响关系，当然它也还有讨论的空间。从铜豆的情况来看，它们都是在当地制作的，这个结论应该没有问题。但那些银豆，至少就其主体部分（残影瓣纹盒）而言是不是由各地王侯制

---

[1]　参见江西省文物考古研究所、首都博物馆编《五色炫曜：南昌汉代海昏侯国考古成果》，第105页；孙机《中国古舆服论丛》（增订本），第99~101页。

[2]　李零：《论西辛战国墓裂瓣纹银豆——兼谈我国出土的类似器物》，《文物》2014年第9期。

图 5-30　石寨山 7 号墓出土
鎏金当卢

作的，或者他们能否私自制作还可以再讨论。关于它们的来源地和制作者，甚至最后如何流转到那些诸侯王手中，都没有足够的材料来阐明。但前文也提到，滇王对汉地诸侯的生活习性非常了解和羡慕。舶来文化与中国本土文化的结合，既有作为接受者主动追求的一面，也有传播者努力推广的一面。比如 18~19 世纪欧洲钟表匠为了能让其生产的钟表更符合大清皇帝的喜好，便把钟表上的纹饰都改成了具有中国特色的"车马人物、花鸟鱼虫""日月星辰"等。①

在中国传统文化"走出去"方面，也有一些艺术考古方面的研究可供借鉴，此处聊举一例，即关于紫砂文化在西方本土化问题的研究。②吴若明在她的研究中谈到，随着海上丝绸之路的兴起，17~18 世纪宜兴的紫砂壶成为中国外销陶瓷中的重要组成部分，被欧洲各国争相收藏。其中德国萨克森选帝侯奥古斯特二世（史称"强力王"）最有代表性，他在位期间收藏了大量的中国瓷器，除了数量庞大的青花

---

① 萧寒主编《我在故宫修文物》，广西师范大学出版社，2017，第 2 页。

② 吴若明：《宜兴紫砂与波特格尔陶——论传统手工艺的区域之变与当代转化》，"传统手工艺的当代转换——2018 中国工艺美术理论与批评论坛"会议论文，2018 年 12 月 28 日。

瓷、古彩瓷、白瓷以外，还收藏了数百件宜兴紫砂壶，并流传至今。这些作品在德国乃至世界的宜兴紫砂壶收藏中都占有重要的地位。当然，从萨克森宫廷所藏的紫砂壶来看，有些紫砂壶显然经历了欧洲的再装饰过程，与我们前面讨论的"裂瓣纹豆"现象如出一辙。当然，欧洲在改造的阶段，也开始了"仿制"（有如云南"滇王"所为）。仿制最成功的代表人物是普鲁士炼金师弗里德里希·波特格尔（Johann Friedrich Bottger）。在改造过程中，他充分地考虑了"产品造型、器物类型、装饰工艺"等因素（见图5-31），改变了紫砂壶以茶具为主的单一状态，生产出更多适合欧洲生活的器皿。这一例子对我们今天探讨如何让中国传统文化走向世界，非常具有参考意义。

　　总而言之，艺术考古研究与应用相结合，开拓出具有传统底蕴同时符合现代人生活需要的创意产品，这是有很大的空间的。在文化创意中，有许多方向可以开拓。比如，吸收借鉴传统文化的独特审美。中华民族是一个早熟型民族，对抽象与典雅的理解很早就达到了很深刻的程度，对事物的审美把握具有非常独到的眼光，但我们今天的文化创造

图5-31　麦森波特格尔陶瓶

显然对传统文化的这种独特审美挖掘得还不够。又如，结合时尚设计理念。中国自古就有非常发达的髹饰、镶嵌、铜扣等手工技术，如果能够把这种传统的工艺精华提炼出来，与现代文明语境中的审美情趣、审美需求相结合，把古代的服装纹饰、日常用具设计、传统材料与时尚设计理念相结合，可以开发出更多具有创造性的事物。再如，与高科技结合。尝试把古代图像系统中的人物、动物等造型，以及传统戏剧的角色形象与动画产业、多媒体技术相结合，创造出更多具有高附加价值的娱乐业、服务业的品牌形象。总之，艺术考古研究不应该只是一个打开传统文化宝库的钥匙，更应该成为一个文化创新的工具。

# 余　论

通常我们都强调研究要有问题意识，从问题出发构建方法论、再现形式以及立论依据等，这固然是艺术考古研究的重中之重，但问题的解决其实也只是迈出研究中最关键的一步而已，接下来还要形成文本。关于艺术考古研究文本的形成，前前后后还有很多细节问题，包括文字、图像材料的获得、处理以及发表、传播等，甚至是接受过程对于研究价值的发掘和科学利用也是非常重要的，而它们往往又是极容易为研究者所忽视的。

在此，我们先考察这些细节问题，这些琐碎的细节虽然无关研究问题解决的宏旨，但又与艺术考古研究过程中的各个环节交织在一起。一个研究有多大的价值，有时会因为细节问题的处理而产生影响，比如所引用拓片的品质高不高，作者对于所要呈现的局部裁切得合不合理、有没有丧失重要信息，研究成果在什么样的刊物上发表等。细节没有处理好，研究的综合价值便被削弱。这里要谈的细节，不仅包括图片的选择、裁剪，还包括摘要、索引、注释、附录等辅助文字的处理，甚至陈述者的自称问题等，其中有些内容还具有目录学的意义，所以不容小觑。

将这些内容作为余论放在全书的最后一章，主要是出于技术上的考虑，因为它们既不是全书的结论，也不是研究的主体，而且它们的游离性质也适于如此处理。第一，它们涉及的探讨对象或者具有附件性质，或者只能反映研究者的治学态度。而前面几章是从艺术考古研究的本体来探讨它的学术价值、文本建构、实用价值等，在形式上正好是一个有中心、有系统的宏观架构，构成一个完整的理论闭环，这些讨论实际上也正是笔者近年来诸多研究的出发点和落脚点。换言之，它并不直接反映笔者在做具体研究和写作过程中所面对的微观层面。第二，它们是各学科研究者都可能面临的普遍性话题。之所以放在最末，是因为它不仅对于艺术考古研究很重要，而且同样适于其他学科的研究。这些讨论既是全书的结束，也是一个新的开始，即从艺术考古研究开始进入一个更为宽泛的学术领域。

与前文的"高屋建瓴"不同，本章谈的是游离于研究主体之外的微观问题，但正如一句英文惯用语所道，"the last but not the least"，如果仅从形式上来看待它们在文章中的地位、价值，那可能就误会了它们存在的价值。就像一栋房子，梁架、壁面自然是重要的，但如果没有门窗、廊道，屋宇的功能虽然不能说尽废，但肯定是不完整的。至于艺术考古研究的细节问题，笔者认为主要有以下三点。

首先，关于摘要。摘要相当于目录学中的"录"，即"叙录"。摘要作为科学论文的介绍性文字，基本特点便是独立性和简要性。独立性是指它离开文章主体也能够有效地传达主要的内容、观点、研究方法、结论等。有时出版者为了压缩版面，可能会将文章精减到只剩摘要的程度，可见摘要的重要性。摘要的作用是便于读者在检索文献时，可以花最短的时间，最快、最全面地了解目标文献的价值、观点和贡献。别看只有短短的一两百字，其作用可不小，但很多研究的摘要实际上都写得不好。有些文章篇幅不逾万字，摘要竟洋洋洒洒地写了一整页；有些文章摘要写完了，作者还没有进入状态，东一句西一句，对于文章的主要研究内容是什么、用了什么研究方法、有什么突破却只字不提。前一种摘要应该叫"缩写"，后一种摘要顶多算"引语"。有些研究者写摘要不总结文章的主要内容，似乎怕事先暴露了关键点，读者便了然无趣了；或者觉得透露了内容，读者已掌握大概，正文已无关紧要了。这两种观念都要不得，都是不知道怎么写摘要以及摘要意义的表现。现代社会是一个信息爆炸的时代，而摘要无疑是作者与读者之间的一个重要媒介，好的摘要能够吸引读者进一步阅读，但也不能为了吸引读者而故弄玄虚，摘要写得不好，实际上反映了研究者基本功不扎实、抓不清问题的关键等问题。

笔者在这里着重要说的是艺术考古研究文章的外文摘要问题，即以中文写成的艺术考古研究论文需不需要附外文（主要是英文，有些杂志针对性比较强，可能为俄文、德文、法文等）摘要的问题。国内众多的学术刊物对此其实并没有统一的硬性规定，不要说英文摘要，有些杂志甚至对中文摘要也不作要求。依笔者看来，要不要英文摘要需看情况而定。这倒不是说学术论文的英文摘要是一个"鸡肋"，而是因为它其实涉及很多具体的问题。先说"要"的意义，即文章如果附上英文摘要，会产生新的影响。显然，有一段英文摘要，从视觉上来看，就像礼帽上插根羽毛一样，显得"高贵"许多，有这部分内容（索引功能）的刊物也会显得更加国际化。我们处在一个互联网十分发达的国际化时代，要让国际学者了解中国学者所做的研究，英译是一条很重要的途径。但是一旦牵扯到语言转换的问题，麻烦也接踵而至。有些研究者又全凭自己的几句蹩脚英语而强译，不参考已有的学术译名、表达规范，完全忽视国内外同行通常的表达习惯。目前，随着门户网站、个人网站、在线 App、自媒体、博客等信息交流平台的发展，学术在世界范围内的交流变得越来越立体、多元、便捷，但是在基本训练方面，中国的学者似乎在整体水平上并没有明显的提高。相比之下，研究中国的西方学者大多数中文都非常好，都有很好的语言训练，杰出的学者如高居翰、文以诚、戴梅可等人，年青一代的学人如何禄凯（Luke Habberstad）、魏德伟（Trenton Wilson）等，他们的中文表达能力甚至比一般的中国学者还好。退一步说，即便有英文摘要，就一定能实现杂志国际化了吗？这实在是值得怀疑的。众所周知，一个刊物是否达到了国际化水准，绝不是由其中的文章有没有使用"洋文字"来标榜的，而是要由其文章的学术规范性、学术水准来反映的，主要看文章的新价值、新观念、新方法的提出情况及检验情况。

如果一定要有外文摘要，我以为最好的办法是由杂志指定外语比较好的艺术史、考古学领域的学者专门撰写，这样既可以让翻译更有质量，同时也可以保证学术标准。据笔者所知，很多重要的国际性学术刊物，对于译文的译者也很重视，在发表文章时会特别标明译者的工作。笔者曾参加过一些国际会议，会后论文被结集出版，此时文集的主编们会根据抽文的特点专门邀请艺术考古、艺术史、考古甚至历史学等相关专业的资深编辑进行多重校对、交叉校对，在此期间，笔者必须对编辑们提出的诸多专业问题进行反馈，这些问题或者是因为专业视角不同，或者是因为翻译方法不同，或者是因为语言的细微差别，甚至有些只是因为译者的错觉而起，但是经过多重、立体的译校，基本上可以让翻译尽可能地接近原文或笔者的写作本意，同时还保证了学术的品质。

就艺术考古研究来看，有时一段不长的摘要会涉及若干专业术语（如商周青铜器的名称），如果没有很好的外文对译，不译更妥；有些器物的命名会有好几个字（如"镶珠宝玉龙戏珠金顶簪"等），如果摘要中出现这样的名字，译了还不如不译。因此，笔者以为，类似的文章如果主要面向国内读者，不如直接省去外文摘要。对于国外学者来说，或许他们更愿意直接读那些精练的中文术语。《文物》杂志在这方面做了一个很好的示范，外文摘要是由自己的专业团队在做，并且他们发行的《文物》（英文版），也是由一个非常专业的学术团队在长期地从事翻译工作，这样既能保证专业化的可持续操作，又能保证翻译的水准。

其次，关于注释。学术文章对引用文献出处的标注具有编目学或书目学价值，对一些关键词、术语的辨析有注释学的功能，当然它们是两种性质不同的注解。我们就以艺术考古研究中不可避免的古代文献引用为例来探讨一下注释的问题。

古代文献引用涉及的注释问题其实很多，比如，有些从事艺术考古研究的学者借鉴历史学研究者的方法，对常见文献习惯采用简单的注释，喜欢在所引句子后的括号内直接标注出处，如"（《论语·学而》）"或"（《礼记·礼运》）"。这种注，笔者称之为简注。这种注释方法很显然假设了读者都是同行，而且是资深的同行。在他们看来，对于学术圈内的同行来讲，大多数时候文献的出处都是一目了然的，因此，对那些常见文献详细地标注作者、年代、版本、页码等信息（即详注）的情况是感到不可思议的。持这个观点的研究者不在少数。这种标注，一般默认参考的是中华书局版的书籍，因此标注出处便可简单了事。但问题是，中华书局版的书籍也在不停地再版、修订，而且其他出版社新出的版本有些在时间上比中华书局更晚，文本质量（至少部分内容）可能要优于中华书局版，如果还坚持中华书局版，在某种意义上，有违学术精神。何况这种注释方法仅以国内学术同行为读者，观念十分狭隘，欧美学者看了恐会觉得过于简单敷衍。笔者以为，学术文章尤其是用于出版的学术文章，是要给读者、研究者看的，那就不能图方便。因为同样是艺术考古研究，研究三代的文物与研究魏晋时期的文物所要面对的文献是截然不同的，研究者的知识储备很不一样，虽然还算不上"隔行"，但也近于"隔山"。在这一方面，国外的学者更有优势，因为他们的学科分工没有我们那么细，或者说他们更强调宽泛的学术视野，所以他们在学术史、文献史料方面的掌握情况通常要比国内学者更好。我们的注释要给学者提供方便，因为注释本身就属于目录学的一部分，要让读者知道我们引用的是哪本书、在哪一页，他只要找到这本书，一打开就可以看到我们参考和引用的内容，尽可能节省读者的时间、精力，为学人提供便利，这是学者的分内事，同样我们也在利用前辈学人创造的便利。有些学者认为研究中国哪个时期的文化，就必须要知道哪本书、读过哪本书。可问题是，中国的古书是注了又释，集注后还有正义，有时今本之后又出现古本，实际上哪个本子才更可靠仍有争议，众人想象中的"完本"有可能根本不存在。而且国外的学者如果要对这类文章进行翻译，往往很难确定要用哪个版本。更何况，就算是由同一个机构出版的第一版与最后一版，我们也不能保证其中就没有局部调整与删改。因此没有来头的自大与自信，实在是要不得，我们要认真地写好所引文献的出处信息以便于读者查询，尽可能地减少纰漏。另外，对于有些文献我们可能非常地熟悉，但熟悉并不能成为不去标注它们的理由。我们不能那么片面地认为自己的成果只有同行才会去阅读，事实上很多跨学科的研究者也在阅读。对于有些文献，如《元史》，有些学者可能只标"宋濂、王祎著"；有些学者在作者的前面加注"（宋）"或"（北宋）"字样，表示作者所属年代，毕竟中国的历史漫长，称宋的朝代有好几个，所以按照史学界的方法，赵宋之外的宋朝标注上如"（刘宋）"之类的字眼或许是更为贴心的做法。这点细致的标注，确实可帮助读者将想象落到对应的历史时代与文化背景。

简单化的标注其实隐藏了很多问题。笔者曾担任过一本文集的编辑，遇到过这样一位作者，他的文章从头到尾都采用简化的标注方式。起初笔者建议作者把注释改成详注，但遭到婉拒，他认为自己的注释是非常专业的。但当笔者校对时，发现他的文章有几处材料找不到原文，请求他协助校对，他就以无暇为由推脱。为保证进度，笔者只好自己查找资料，但始终没有找到文章中"《新昌县志》卷五"中有关于"礼器"的内容，笔者甚至还找了很多古版的书，也没有找到有关信息，因此可以肯定并不存在他所谓的"众所周知"的版本。可如果不是这样的版本，那又是什么版本呢？为此，笔者在网络上用"新昌县志""文庙礼器志"等反复地查找，最后在一篇文章中，找到与之相关的一大段话，并且发现作者"摘录"了那段话，同时也摘录了网页中出处的说明，但他并没有想到网文中的出处有问题。而这篇网络文字也是从别处辗转抄录而来的，而且在抄录的时候还夹杂着篡改。这种以讹传讹的非正式文本，在那些简化的"注释"中便可以很隐蔽地转化为正式的学术文本，进而侵蚀学术。相比之下，详注在这里就有"净化清淤"的作用，能够确保艺术考古研究的可靠性。

实际上，巫鸿、郑岩、邢义田等学者在研究过程中都非常强调明确标注所选用文献的版本、页码的重要性。过去那种认为详注是标给外国人看的说法是不对的，这种居高临下的态度实际上并没有认清注释的学术意义与价值。注的功能有很多，形式也有很多，有脚注、尾注、文中注等，有些作者喜欢把它们混合使用，目的在于让行文具有多样性，看起来不那么单一。笔者倾向于使用脚注，这样注既可以保证阅读的流畅，又方便查阅注释，不必翻到文末查看。朱青生为中国的艺术考古研究引入了一种简单注法，即用作者姓名的拼音加写作年代来标注。这种标注确实起到了"简化"的目的，但是不便于查阅。随着多媒体的发展、数字化的推进，电子文本的注释已经显示了标注简化的趋势和使用方便的特点。通过简单、快捷的操作，文本就可以实现自动加注，以及注释自动隐藏和自如切换；在保证流利阅读的同时，读者随时可以切换到有文字、图像、声音、动作等多元并置甚至是可以互动的注释界面。在阅读时，注释界面既可以转变成半透明状态或跟踪状态，也可以自动隐藏，使用方便。

最后，关于表达的客观性。艺术考古研究的成果通常要求在表达上要客观，这里的客观性表现为：一方面是尽量使用数字、图像、文献等资料来支持论证；另一方面又要在论证中减少主观想象。除了行文风格以外，研究者的自称其实也有客观性。一般来说，艺术考古研究中的写作主体通常都是第一人称的"我"（单数）或"我们"（复数）。但是"我"用得较少，因为"我"出现在学术文章中会让读者产生过于主观的感受，因此作者常用"笔者"这样比较中性的表述，它比口语化的"我"更适合严肃性表达。类似的主体性表达还有很多，如指称自己的论文为"拙著"、观点为"拙见""愚见"等。有些研究者喜欢用复数形态的"我们"来模糊表达主体身份，但表达的却是他个人的观点，这种"群众代表"式的表达在读者看来，既不谦虚，也不严谨。

客观性还表现在引文之中。艺术考古研究所引用的文献常常会涉及历史学、艺术史、考古学、人类学等学科，不同学科门类的文体其实还是很不一样的，比如考古学的表述严谨，人类学的表达可能就更具有叙事色彩。除此之外，还有中国传统文化与西方文本之间也是存在差异的。有些研究者喜欢在行文中夹入一些西方理论名著的观点，比如从《金枝》引用一些观点，直接把原文加上引号放入文章中，这样做虽然符合学术规范，读起来却非常怪异，像夹生饭一样。《金枝》的巫术理论研究非常重要，但它所讨论的内容与中国早期的巫傩文化其实还是有点错位的，加上语言表达的差异性，可以说它们彼此之间的兼容性并不好。如果真要引用，中间可能还需要一个消化过程，即研究者要考虑所引用的观点与讨论的内容要如何对接，这一点很重要。或者采用转述手法，或者先行铺垫之后再引入观点。如果没有任何过渡地突然冒出来一个观点，那么确实会让人觉得别扭。①

诸如此类值得关注的细节有很多，比如年代标注问题、古代的名物问题、图像辨识问题等。有些问题看似浅显，其实不然，其背后隐含着错综复杂的脉络。根据笔者的经验，其实很多这样的"基本问题"恰恰是那些已经蜚声学界的著名学者容易犯错误的地方。以上浅谈，期望可以给艺术考古研究者以某种启发，起到抛砖引玉的作用。

---

① 有些中国学者在进行文字翻译的时候，特别喜欢创造新词，这就让一个本来可以正常贯通的表达，却因此生出许多停顿、急转与中断。

# 图　录

图 1-6　四羊方尊。商代晚期。图片采自中国青铜器全集编委会编《中国青铜器全集》第 4 卷《商》（四），文物出版社，1995，第 113 页图一一五。

图 1-7　海昏侯墓出土琥珀。图片采自《文物精品》，《江西画报：南昌汉代海昏侯国考古专辑》，2016，第 119 页。

图 1-8　马王堆汉墓出土盛有野兔骨的竹笥。图片采自湖南省博物馆、中国科学院考古研究所《长沙马王堆一号汉墓》下集，文物出版社，1973，图二二一。

图 1-9　西周墙盘。西周恭王器，通高 16.2 厘米，口径 47.3 厘米，1996 年陕西扶风庄白村西周窖藏出土，周原博物馆藏。图片采自中国青铜器全集编委会编《中国青铜器全集》第 5 卷《西周》（一），第 188 页图一九八。

图 2-1　《大艺术家传》瓦萨里肖像。图片采自李军《可视的艺术史：从教堂到博物馆》，北京大学出版社，2016，第 159 页。

图 2-2　米开朗琪罗创作的摩西像。大理石，高 225 厘米，1515~1516 年创作于罗马温科利圣彼得教堂。图片采自〔瑞士〕海因里希·沃尔夫林《古典艺术——意大利文艺复兴艺术导论》，中国人民大学出版社，2004，第 87 页。

图 2-3　碑林拓工在打拓片。图片为笔者拍摄。

图 2-4　沙畹在龙门石窟考察。1907 年，沙畹在龙门石窟考察并留影，回到法国后，此照刊布于《北中国考古图录》。图片采自王翼青《沙畹、金绍城巴黎会晤的前因后果》，《文汇学人》2018 年 8 月 24 日。

图 2-5　费慰梅武梁祠复原。图片采自丁瑞茂《朴古与精妙——汉

代武氏祠画像》，中研院历史语言研究所，2007，第10页。

图2-6　汉代的二帷马车。图片采自周庆明、李天池、周洋编著《语石精舍珍藏汉画集》，黑龙江人民出版社，2003，第72页。

图2-7　孔子见老子画像。图片采自傅惜华、陈志农编辑，陈志农绘图，陈沛箴整理《山东汉画像石汇编》，山东画报出版社，2012，第506页。

图2-8　西安市中药厂M20平、剖面。图片采自西安市文物保护考古所编著《西安东汉墓》（上），文物出版社，2009，第215页图九八。

图2-9　汉代金黄涂竹节熏炉。该器制作于建元四年（公元前137年），通高58厘米。1981年5月发掘于陕西兴平县茂陵一号无名冢一号从葬坑，现藏茂陵博物馆。图片采自茂陵地区文管会、茂陵博物馆《陕西茂陵一号无名冢一号从葬坑的发掘》，《文物》1982年第9期，图版四，1。

图2-10　杨孟元墓门槛石题刻。图片采自李贵龙《绥德文库·汉画像石卷》，中国文史出版社，2004，第152~154页。

图2-11　微山两城镇出土画像石局部。图片采自中国画像石全集编委会编《中国画像石全集》第2册《山东汉画像石》，河南美术出版社、山东美术出版社，2000，第243页图52局部。

图2-12　博山熏炉画像。原石绥德杨孟元墓出土，东汉，现藏绥德县博物馆。图片采自康兰英、朱青生主编《汉画总录（4）：绥德》，广西师范大学出版社，2012，第118页。

图2-13　斧车出行画像砖。图片采自《中国画像砖全集》编委会《四川画像砖》，四川美术出版社，2006，第15页图19。

图 3-1　邥君鲜铜鼎底部。图片采自长江文明馆、湖北省博物馆、湖北省文物考古研究所、襄阳博物馆编《穆穆曾侯：枣阳郭家庙曾国墓地》，文物出版社，2015，第 139 页。

图 3-2　航拍考古发掘区。图片采自长江文明馆、湖北省博物馆、湖北省文物考古研究所、襄阳博物馆编《穆穆曾侯：枣阳郭家庙曾国墓地》，第 124 页。

图 3-3　郑国祭祀坑出土春秋时期编钟。笔者摄于河南省博物院。

图 3-4　陈介祺旧藏毛公鼎全形拓。陈介祺收藏毛公鼎有三十余载，所拓毛公鼎全形拓约完成于清咸丰同治年间 (1851~1874)。图片采自雅昌网，https://news.artron.net/20180622/n1007636.html。

图 3-5　唐冯承素摹本《神龙本兰亭序》。故宫博物院所藏。图片采自刘涛《中国书法全集》第 18 卷，荣宝斋，1991，第 41 页。

图 3-6　铜仙人骑狮器线描。图片采自山东省文物考古研究所、临沂市文化广电新闻出版局《临沂洗砚池晋墓》，文物出版社，2016，第 88 页图一八七。

图 3-7　铜铃说明。图片采自山东省文物考古研究所、临沂市文化广电新闻出版局《临沂洗砚池晋墓》，第 146 页图三一七。

图 3-8　秦代石甲胄使用示意。图片采自蔡庆良、张志光主编《秦业流风：秦文化特展》，台北"故宫博物院"，2016，第 99 页。

图 3-9　淅川东沟战国墓 M27 出土陶器组合。图片采自河南省文物局编著《淅川东沟长岭楚汉墓》，科学出版社，2011，彩版四图 1。

图 3-10　开元寺石佛的三维扫描。图片采自四川文物考古研究院、四川大学艺术学院、绵阳市文物局《四川绵阳碧水寺藏"开元寺石佛"调查》，《四川文物》2009 年第 2 期，封二。

图 3-11　汉代墓葬的三维模型。图片由北京大学汉画研究所提供。

图 3-12　四川渠县无名阙铺首。位于四川省达州渠县青神乡王家坪，约立于东汉晚期。图片采自张孜江、高文《中国汉阙全集》，中国建筑工业出版社，2017，第 356 页图 10。

图 3-13　秦兵马俑二号坑。图片为笔者拍摄。

图 3-14　战国铜壶纹饰平行示意展开。图片采自马鸿藻《考古器物绘图》，北京大学出版社，2008，第 191 页图一三二。

图 4-1　伪刻画像石拓片。图片采自顾森主编《中国汉画像拓片精品集》，西北大学出版社，2007，第 138 页。

图 4-2　龙舒郡斋刻本《金石录》书影。图片为笔者拍摄。

图 4-3　周口出土画像砖。图片采自郭大刀《阅汉堂藏两汉画像砖》，新华出版社，2009，第 123 页图 194。

图 4-4　扶沟出土画像砖。图片采自郭大刀《阅汉堂藏两汉画像砖》，第 25 页图 21。

图 4-5　扶沟出土画像砖局部。

图 4-6　河南荥阳出土门柱画像砖。图片由山东青岛崇汉轩汉画像砖博物馆提供。

图 4-7　河南荥阳出土门柱画像砖局部。

图 4-8　门吏、蹶张士画像砖。图片采自《中国画像砖全集》编委会《河南画像砖》，四川美术出版社，2006，第 87 页。

图 4-9　伍佰形象。河北安平县逯家庄东汉墓出土。图片采自河北省文物研究所《安平东汉壁画墓》，文物出版社，1990，图 26。

图 4-10　沂南北寨汉墓人物画像线描。图片采自山东博物馆《沂

南北寨汉墓画像》，文物出版社，2015，第 70 页图 46。

图 4-11　汉代印文中的"申"字。图片采自清光绪年间钤印《攈叔考藏秦汉印存》卷 2，第 4a(12a — b) 页。

图 4-12　汉代青铜镜铭中的"申"字。图片采自陈佩芬《上海博物馆藏青铜镜》，上海书画出版社，1987，图版 31 之"尚方镜三"。

图 4-13　骊马安车画像砖。东汉，新野樊集出土。图片采自《中国画像砖全集》编委会《河南画像砖》，第 101 页图九八。

图 4-14　武斑祠画像。图片采自傅惜华、陈志农编辑，陈志农绘图，陈沛箴整理《山东汉画像石汇编》，第 463 页。

图 4-15　居延汉简上的"申"字。图片由中国社会科学院历史研究所马怡老师提供。

图 4-16　中国国家博物馆藏十二字砖。图片采自李零《万变：李零考古艺术史文集》，生活·读书·新知三联书店，2016，第 235 页图 1。

图 4-17　十六字砖。图片采自李零《万变：李零考古艺术史文集》，第 235 页图 3。

图 4-18　武斑祠画像局部。

图 4-19　巴黎赛努奇博物馆藏虎食人卣。图片采自李学勤、艾兰编著《欧洲所藏中国青铜遗珠》，文物出版社，1995，图 40-A。

图 4-20　昭陵六骏之飒露紫。唐代贞观十年（636）刻，现藏宾夕法尼亚大学博物馆。图片由美国宾夕法尼亚大学戴教授提供。

图 4-21　琵琶形包金嵌玉银带钩。战国晚期，河南辉县出土。图片采自中国科学院考古研究所《辉县发掘报告》，科学出版社，1956，图一二三。

图 4-22　秦俑身上的人形带钩。图片采自王仁湘《善自约束：古

代带钩与带扣》，上海古籍出版社，2012，第 42 页图二四。

图 4-23　武士斗豹带钩。钩长 12.3 厘米，汉代。图片采自李学勤、艾兰编著《欧洲所藏中国青铜遗珠》，图 202。

图 4-24　汉代虎食旱魃画像。唐河针织厂出土，西汉，河南省南阳汉画馆藏。图片采自中国画像石全集编委会编《中国画像石全集》第 6 册《河南画像石》，河南美术出版社、山东美术出版社，2000，第 10 页图一〇。

图 4-25　鎏金虎食人形带钩。战国，通长 11.8 厘米，宽 3.7 厘米，美国赛克勒美术馆藏。图片采自中国青铜器全集编委会《中国青铜器全集》第 8 卷《东周》（二），文物出版社，1995，第 143 页图一六四。

图 4-26　西周早期辕饰。高 16.9 厘米，鎏径 6.4 厘米，西周早期，上海博物馆藏。图片采自陈佩芬《夏商周青铜器研究》，上海古籍出版社，2004，第 220 页图二九二。

图 4-27　金星村遗址出土玉带钩。图片采自杨伯达主编《中国玉器全集》（上），河北美术出版社，2005，第 89 页。

图 4-28　斯基泰式带钩。图片采自王仁湘《善自约束：古代带钩与带扣》，第 31 页图二一，1。

图 4-29　西汉玉觽。长 11.6 厘米，厚 0.3 厘米，山东五莲县汪湖镇张家仲崮汉墓出土，现藏五莲县博物馆。图片采自古方《中国出土玉器全集（4）：山东》，科学出版社，2005，第 222 页。

图 4-30　故宫藏丙午带钩。长 15.7 厘米，宽 3 厘米，汉代。图片采自杜廼松《青铜生活器》，商务印书馆，2007，第 130 页图 109。

图 4-31　天津博物馆藏汉代阳遂及铭文拓片。图片由天津博物馆

乔岳提供。

图 4-32 大云山汉墓兔形合符带钩。图片由南京博物院左骏提供。

图 4-33 "长毋相忘"合符带钩。图片采自南京博物院、盱眙县文广新局《江苏盱眙县大云山西汉江都王陵北区陪葬墓》,《考古》2014 年 10 期,第 41 页图四二、图四三。

图 4-34 "乐无事,宜酒食"钱。西汉。图片采自刘春声《趣味盎然的早期压胜钱》,《中国钱币》2010 年第 3 期,封二图 2。

图 4-35 汉代压胜钱。图片采自卢振海《中国压胜钱钱谱》,辽宁大学出版社,1991,第 655 页。

图 5-1 西安仿唐代仕女城市雕塑。图片为笔者友人拍摄。

图 5-2 海昏侯文创产品——香炉。图片由南昌汉代海昏侯国遗址博物馆辛颖提供,陈学献珠宝玉石艺术工作室技术处理。

图 5-3 万荣汾阴后土祠秋风楼。图片为笔者拍摄。

图 5-4 王莽明堂复原。图片采自巫鸿《礼仪中的美术——巫鸿中国古代美术史文编》,生活·读书·新知三联书店,2005,第 643 页图 29-1。

图 5-5 汉代仿铜漆钫。器高 50.7~52 厘米,马王堆一号汉墓出土,西汉初期(公元前 206~前 163 年)。图片采自湖南省博物馆编《长沙马王堆汉墓陈列》,中华书局,2017,第 162 页。

图 5-6 石觯。大理石制,妇好墓出土。图片为笔者拍摄。

图 5-7 陈礼忠寿山石雕作品。图片采自练春海《中国工艺美术大师全集·陈礼忠卷》,安徽美术出版社,2014,第 120 页。

图 5-8 女娲执矩形象。图片采自临沂市博物馆《临沂吴白庄汉画

像石墓》，齐鲁书社，2018，第 124 页图一六四。

图 5-9　清代杨彭年制曼生铭半瓜壶。高 7 厘米，口径 6.1 厘米，南京博物院藏。图片采自严克勤《仙骨佛心——家具、紫砂与明清文人》，生活·读书·新知三联书店，2016，第 57 页。

图 5-10　宋代建盏。高 7.2 厘米，口径 12.2 厘米，日本静嘉堂文库美术馆藏。图片由日本中央大学阿部幸信提供。

图 5-11　金镶和田玉吊坠。图片由陈学献珠宝玉石艺术工作室提供。

图 5-12　海昏侯墓出土玉佩饰。图片采自江西省文物考古研究所、首都博物馆编《五色炫曜：南昌汉代海昏侯国考古成果》，江西人民出版社，2016，第 165 页。

图 5-13　鎏金舞马衔杯银壶。图片采自陕西历史博物馆、北京大学考古文博学院、北京大学震旦古代文明研究中心编《花舞大唐春：何家村遗宝精粹》，文物出版社，2003，第 240 页图 64。

图 5-14　汉墓出土玉蝉。江苏省扬州市邗江甘泉姚庄 102 墓出土，西汉晚期，现藏扬州博物馆。图片采自古方《中国古玉器图典》，文物出版社，2007，第 266 页。

图 5-15　何家村窖藏唐代金走龙。图片采自陕西历史博物馆、北京大学考古文博学院、北京大学震旦古代文明研究中心编《花舞大唐春：何家村遗宝精粹》，第 231 页图 57。

图 5-16　薛西斯金碗。高 4.7 厘米、径 29 厘米，重 803 克，约出土于 1935 年，出土地不明，此器器口有波斯文铭文，是阿尔塔薛西斯一世（Artaxerxes I，公元前 465~ 前 424 年）的器物，现藏大英博物馆。图片采自李零《万变：李零考古艺术史文集》，第 110 页图 5。

图 5-17　西辛大墓出土银豆一。图片采自李零《万变：李零考古艺术史文集》，第 112 页图 7。

图 5-18　西辛大墓出土银豆二。图片采自李零《万变：李零考古艺术史文集》，第 113 页图 8。

图 5-19　北头山 1 号墓出土裂瓣纹银豆。图片采自李零《万变：李零考古艺术史文集》，第 124 页图 20。

图 5-20　窝托村齐王墓出土裂瓣纹银豆。图片采自李零《万变：李零考古艺术史文集》，第 121 页图 18。

图 5-21　大云山 1 号墓出土裂瓣纹银豆。图片采自李零《万变：李零考古艺术史文集》，第 125 页图 21。

图 5-22　南越王墓出土裂瓣纹银豆。图片采自李零《万变：李零考古艺术史文集》，第 123 页图 19。

图 5-23　石寨山 11 号墓出土裂瓣纹铜豆。图片采自李零《万变：李零考古艺术史文集》，第 119 页图 16。

图 5-24　石寨山 12 号墓出土裂瓣纹铜豆。图片采自李零《万变：李零考古艺术史文集》，第 119 页图 17。

图 5-25　裂瓣纹银豆（左）与裂瓣纹铜豆大小比较。

图 5-26　曾侯乙豆。图片采自张翀《中国古代青铜器整理与研究》，科学出版社，2015，第 103 页图 7-36a。

图 5-27　裂瓣纹豆设计制作原理。图片为笔者制作。

图 5-28　玉握猪。江苏省扬州市邗江甘泉姚庄 102 墓出土，西汉晚期，现藏扬州博物馆。图片采自古方《中国古玉器图典》，第 267 页。

图 5-29　汉代海昏侯墓出土当卢。笔者摄于江西省博物馆。

图 5-30　石寨山 7 号墓出土鎏金当卢。通高 13.6 厘米。图片采自

晋宁县文化体育局编《古滇王都巡礼: 云南晋宁石寨山出土文物精粹》, 云南民族出版社, 2006, 第 54 页。

图 5-31 麦森波特格尔陶瓶。德国柏林应用艺术博物馆藏。图片由南开大学东方艺术系吴若明提供。

# 参考文献

〔美〕安·达勒瓦:《艺术史方法与理论》，李震译，江苏美术出版社，2009。

安徽省文物工作队、阜阳地区博物馆、阜阳县文化局:《阜阳双古堆西汉汝阴侯墓发掘简报》,《文物》1978 年 8 期，第 12~31 页及图版二至三。

（汉）班固撰,（唐）颜师古注《汉书》,中华书局，1962。

〔英〕彼得·伯克:《图像证史》,杨豫译，北京大学出版社，2008。

（清）毕沅:《关中金石记》,丛书集成初编本,商务印书馆，1936。

〔日〕滨田耕作:《通论考古学》,岩波书店，2016。

曹意强:《考古学与美术史:两个共生的学科》,《美术研究》2009年第 1 期。

曹意强:《欧美艺术史学史与方法论》,《新美术》2001 年第 1 期。

曹意强：《艺术与历史》，中国美术出版社，2001。

岑家梧：《中国艺术考古学之进展》，载氏著《中国艺术论集》，上海书店，1991。

陈池瑜：《中国现代美术学史》，黑龙江美术出版社，2000。

陈佩芬：《上海博物馆藏青铜镜》，上海书画出版社，1987。

成乔明：《艺术史研究方法之探讨》，《南京工业大学学报》（社会科学版）2003年第2期。

《春秋左传正义》，载（清）阮元校刻《十三经注疏附校勘记》，中华书局，1980。

崔莹：《一千万中国文物如何流失海外》，腾讯文化，http://cul.qq.com/a/20150406/007246.htm，2015年4月6日。

（宋）范晔撰，（唐）李贤等注《后汉书》，中华书局，1965。

（唐）房玄龄等撰《晋书》，中华书局，1974。

顾平、杭春晓、黄厚明：《美术考古学学科体系》，上海大学出版社，2008。

顾平：《"美术考古"：近三十年美术史研究的新转向》，《美术观察》2008年第3期。

郭大刀：《阅汉堂藏两汉画像砖》，新华出版社，2009。

郭晓川：《西方美术史研究评述》，黑龙江美术出版社，2000。

郭玉海：《响拓、颖拓、全形拓与金石传拓之异同》，《故宫博物院院刊》2014年第1期。

何建章注释《战国策注释》，中华书局，1990。

何宁：《淮南子集释》，中华书局，1998。

贺晓舟：《中国"美术考古学"的根本问题》，《浙江艺术职业学院学报》2013 年第 6 期。

胡适:《治学方法》,台北《中央日报》、《新生报》,1952 年 12 月 7 日。

黄厚明、杭春晓:《滕固与中国美术考古学的现代转型》,《美术观察》2005 年第 2 期。

江西省文物考古研究所、首都博物馆编《五色炫曜:南昌汉代海昏侯国考古成果》,江西人民出版社,2016。

焦琳:《社会学方法与美术史研究》,《新视觉艺术》2009 年第 3 期。

晋宁县文化体育局编《古滇王都巡礼:云南晋宁石寨山出土文物精粹》,云南民族出版社,2006。

柯律格:《"中国艺术"再定义——艺术史家柯律格谈中国艺术史》,《南风窗》2014 年第 5 期。

李昶伟:《杨泓:美术考古不是艺术史》,《南方都市报》2014 年 7 月 17 日。

李杰:《中国美术考古学的风格谱系研究——以中古时期平面图像为中心》,科学出版社,2017。

李零:《铄古铸今:考古发现和复古艺术》,香港中文大学艺术系,2005。

李零:《万变:李零考古艺术史文集》,生活·读书·新知三联书店,2016。

李淞:《略说"全球视野"与中国艺术史的中国话语》,《美术观察》2017 年第 9 期。

李淞:《研究艺术的考古学家或研究图像的历史学家?——略论考古学的影响与中国美术史学的学科性》,《美苑》2000 年第 6 期。

（唐）李延寿：《南史》，中华书局，1975。

练春海：《"海昏侯热"现象脞议》，《美术观察》2018 年第 9 期。

练春海：《"虎噬人"母题研究》，《形象史学研究》2015 年第 2 期。

练春海：《博山饰源流考》，《民族艺术》2013 年第 5 期。

练春海：《戴梅可：重塑中国的往昔》，载朱青生主编《中国汉画研究》第 4 卷，广西师范大学出版社，2011。

练春海：《汉代车马形像研究——以御礼为中心》，广西师范大学出版社，2012。

练春海：《汉代墓葬语境中的阳遂》，《民族艺术》2013 年第 1 期。

练春海：《汉代艺术与信仰中的天梯》，《民族艺术》2009 年第 4 期。

练春海：《器物图像与汉代信仰》，生活·读书·新知三联书店，2014。

练春海：《勇士申博图像考》，《文物》2015 年第 5 期。

林保尧主编《美术考古与文化资产——以台湾地区学者的论述为中心》，上海大学出版社，2008。

刘飞滨：《论司马迁的游侠观》，《四川师范大学学报》（社会科学版）2008 年第 6 期。

刘凤君：《美术考古学导论》，山东大学出版社，1995。

刘建明：《古代壁画图像保护与智能修复技术研究》，博士学位论文，浙江大学，2010。

刘杰：《汉武故事及其文化阐释》，博士学位论文，南开大学，2010。

刘天祺：《美术考古学的"热"与"冷"》，《美术观察》2011 年第 6 期。

刘武：《庄子集解》，沈啸寰点校，中华书局，1987。

刘晓达：《美术史的"原境"研究：从马王堆汉墓帛画的学术史谈起》，《美术学报》2015 年第 6 期。

刘永华:《中国古代车舆马具》,清华大学出版社,2013。

刘允东:《美术考古学与美术史——兼论美术史边界的泛化》,《南京艺术学院学报》(美术与设计版)2010年第1期。

刘允东:《学科还是方法——对"美术考古"性质讨论的思考》,《文艺研究》2016年第2期。

(东汉)刘珍等:《东观汉记校注》,吴树平校注,中华书局,2008。

《鲁迅全集》第8卷,人民文学出版社,2005。

罗二虎:《中国美术考古研究现状》,上海大学出版社,2008。

吕金光、吕亚泽:《〈美术考古学丛书〉研读札记之一——谈美术考古学的归属与独立性问题》,《西南民族大学学报》(人文社会科学版)2012年第6期。

马银琴、周广荣译注《搜神记》,中华书局,2009。

《孟子注疏解经卷》,载(清)阮元校刻《十三经注疏附校勘记》,中华书局,1980。

〔德〕米海里司:《美术考古一世纪》,郭沫若译,上海书店出版社,1998。

缪哲:《汉代艺术中外来母题举例——以画像石为中心》,硕士学位论文,南京师范大学,2007。

南京博物院、盱眙县文广新局:《江苏盱眙县大云山西汉江都王陵北区陪葬墓》,《考古》2014年第10期。

庞朴:《"五月丙午"与"正月丁亥"》,《文物》1979年第6期。

彭捷:《中国艺术史研究现状的忧思》,《艺术探索》2004年第3期。

饶宗颐:《由出土银器论中国与波斯、大秦早期之交通》,载《华学》第5辑,中山大学出版社,2001。

阮荣春、黄厚明：《美术考古学的学术定位和学科建设》，《南京艺术学院学报》（美术与设计版）2003 年第 4 期。

（清）阮元编《积古斋钟鼎彝器款识》，商务印书馆，1937。

邵学海：《"美术考古学"之名辨》，《美术研究》2008 年第 1 期。

（晋）司马彪撰，（梁）刘昭注补《后汉书志》，中华书局，1965。

（汉）司马迁撰，（宋）裴骃集解，（唐）司马贞索隐，（唐）张守节正义《史记》，中华书局，1965。

四川文物考古研究院、四川大学艺术学院、绵阳市文物局：《四川绵阳碧水寺藏"开元寺石佛"调查》，《四川文物》2009 年第 2 期。

孙机：《凸瓣纹银器与水波纹银器》，载氏著《仰观集：古代文物的欣赏与鉴别》，文物出版社，2015。

孙机：《中国古舆服论丛》（增订本），上海古籍出版社，2013。

孙健：《美国学术界中国古代书画研究的现状及趋势》，《美术观察》2017 年第 8 期。

孙长初：《"美术考古学"与"艺术考古学"辨析》，《南京艺术学院学报》（美术与设计版）2007 年第 3 期。

孙长初：《中国艺术考古学初探》，《东南大学学报》（哲学社会科学版）2003 年第 2 期。

孙长初：《中国艺术考古学理论的再思考》，《东南大学学报》（哲学社会科学版）2007 年第 4 期。

孙振华：《中国美术史图像手册》，中国美术学院出版社，2003。

王国维：《孔子之美育主义》，载姚淦铭、王燕编《王国维文集》第 3 卷，中国文史出版社，1997。

王菡薇：《艺术史跨语境研究中的不适应性——试论欧美中国美术史

研究中的语言与文化差异问题》,《江苏社会科学》2010 年第 2 期。

王红媛:《以"世界艺术史"的观念进入研究——对话朱青生》,《美术观察》2017 年第 6 期。

王明:《抱朴子内篇校释》,中华书局,1985。

王仁湘:《古代带钩用途考实》,《文物》1982 年第 10 期。

王仁湘:《善自约束:古代带钩与带扣》,上海古籍出版社,2012。

王杉:《敦煌壁画的交互式线描生成技术研究》,硕士学位论文,天津大学,2012。

王叔岷:《列仙传校笺》,中华书局,2007。

(清)王先慎:《韩非子集解》,钟哲点校,中华书局,1998。

王小盾:《经典之前的中国智慧》,北京大学出版社,2016。

王琢:《从"美术"到"艺术"——中日艺术概念的形成》,《文艺研究》2008 年第 7 期。

(唐)魏征、(唐)令狐德棻:《隋书》,中华书局,1973。

巫鸿:《并不纯粹的"美术"》,《读书》2006 年第 3 期。

巫鸿:《马王堆一号墓中的龙、璧图像》,《文物》2015 年第 1 期。

巫鸿:《美术史研究略说》,《东南文化》1997 年第 1 期。

巫鸿:《全球视野中的美术史研究:变动的格局与未来的希望》,"美术史在中国——中央美术学院美术史学科创立 60 周年国际学术研讨会暨第 11 届中国高等院校美术史年会"主题发言稿,中央美术学院人文学院微信公众号,2017 年 11 月 28 日。

巫鸿:《时空中的美术:巫鸿中国美术史文编二集》,生活·读书·新知三联书店,2009。

夏鼐:《什么是考古学》,载杨楠编《考古学读本》,北京大学出版社，2006。

萧寒主编《我在故宫修文物》，广西师范大学出版社，2017。

（梁）萧统编，（唐）李善注《文选》，上海古籍出版社，1986。

熊永强：《试谈中国美术考古学——兼与〈中国艺术考古学的奠基〉作者商榷》，《四川文物》2005年第1期。

徐胭胭：《考古学与艺术史研究——郑岩教授访谈录》，《艺术设计研究》2010年第2期。

许宏：《大都无城：中国古代都城的动态解读》，生活·读书·新知三联书店，2016。

（汉）许慎撰，（清）段玉裁注《说文解字注》，浙江古籍出版社，1998。

薛永年：《反思中国美术史的研究与写作——从20世纪初至70年代的美术史写作谈起》，《美术研究》2008年第2期。

薛永年：《美术史研究的三个传统与三个思考》，"美术史在中国——中央美术学院美术史学科创立60周年国际学术研讨会暨第11届中国高等院校美术史年会"会议论文。

严文明：《大力提倡美术考古学研究》，载《走向21世纪的考古学》，三秦出版社，1997。

杨伯达主编《中国玉器全集》（上），河北美术出版社，2005。

杨泓、郑岩：《中国美术考古学概论》，中国社会科学出版社，2008。

杨泓：《古物的声音：古人的生活日常与文化》，商务印书馆，2018。

杨泓：《美术考古半世纪——中国美术考古发现史》，文物出版社，1997。

叶康宁：《美术考古：美术还是考古？》，《艺术生活》2012年第1期。

（梁）元帝（萧绎）撰，（唐）陆善经续，（元）叶森补《古今同姓名录》，载《景印文渊阁四库全书》子部第 887 册，台湾商务印书馆，1983。

张峰：《海宁汉画像石墓的数字虚拟研究》，载《大汉雄风——中国汉画第十一届年会论文集》，高等教育出版社，2008。

赵德云：《凸瓣纹银、铜盒三题》，《文物》2007 年第 7 期。

郑岩：《论"美术考古学"一词的由来》，《美术研究》2010 年第 1 期。

郑伊看：《阿拉斯式的艺术史研究方法》，《艺术设计研究》2010 年第 4 期。

《中国国家文物局跨国追索文物》，搜狐网·搜狐文化，http://www.sohu.com/a/117421864_519191，2016 年 10 月 27 日。

《周易正义》，（清）阮元校刻《十三经注疏附校勘记》上册，中华书局，1980。

朱剑心：《金石学》，上海书店，1920。

朱青生：《艺术史在中国——论中国的艺术观念》，《文艺研究》2011 年第 10 期。

George Kubler, *The Shape of Time: Remarks on the History of Things*, New Haven and London: Yale University Press, 1962.

Giorgio Vasari, Levitede'più eccellentipittori, scultorietarchitetti. 中译本《意大利艺苑名人传：巨人的时代》（上、下），刘耀春、毕玉、朱莉等译，湖北美术出版社、长江文艺出版社，2003。

Heinrich Wolfflin, *Priciples of Art History*, trans.by M.D.Hottinger, Dover Publications, Inc., 1932.

Johann Winckelmann, Gechichte der Kunst des Altertunms, Dresden, 1974.

# 后　记

　　战战兢兢，如履薄冰。写作到麻木，唯这一点清醒。

　　为什么要写这本书？其实一上来就说不清了，一开始我并没有这个撰写计划，它差不多算是一个副产品，是研究汉代壁画的副产品。"汉代壁画的艺术考古研究"这个课题我做了好多年，跟其他课题不一样，我居然在这个课题的题目中就给自己下了个套：一个研究对象，一个研究方法，它们就像两条缠绕在一起的交尾蛇，对我围追堵截多年。以往我做研究，天马行空，一会儿研究图像，一会儿研究帛画，一会儿研究青铜器，一会儿考释文字，想到哪儿算哪儿。

　　既然掉到坑里了，就得自己爬出来。市面上关于艺术考古研究方法论的著作貌似不少，但多数是"挂羊头"，卖的却不知是什么肉，除了开篇涉及一些方法论的综述或总结外，书中大部分内容都是关于具体问题的分析，而研究方法恐怕是蛋糕上面那层薄得不能再薄的奶油了，因此研究方法只能靠自己探索了。一旦汉代壁画研究完结，方法论的讨论也随之搁笔，所以两部书稿就像姊妹篇。本书的篇幅大概是《汉代壁画的艺术考古研究》的一半，但是撰写难度却一点儿也不亚于后者，断断续续地写，中间还搁置了一段时间去编辑《制器尚象：中国古代器物中的观念与信仰》，不过时间倒没怎么浪费，文集的编辑对续写本书帮助很大。从美国回到北京，书稿也就基本告一段落，跟出版社签约时，我给自己留了一个月的交稿时间，但万万没有想到，校对整整花了三个月，连带把春节也搭进去了，最后弄得个"众叛亲离"的下场。

对于本书的出版，我发自内心地感谢内子——中国社会科学院社会学研究所陈满琪副研究员。除了照顾老小、操持家务以外，她这次真是帮了大忙，联络出版、校对书稿。问题是，我"无以为报"也就罢了，居然顺带把全家的假日计划也给毁了。南京博物院寒假展出司马金龙墓出土的屏风，是极为难得一睹真容的机会，眼瞅着就这样错过了。国家博物馆也在展览满城汉墓出土的文物，我再三承诺，春节后一定要带小朋友去打卡！自从有了微信群，老师们检查作业的完成进度方便多了。百无一用是书生，接下来的一年要戴罪立功了。

都说四十不惑，其实是忙得没空去惑。年轻时可以整宿整宿地熬夜，﹡但现在不行了，身体稍一透支，"报警声"（不是掌声）就响起来。令人欣慰的是，简兮小朋友经过六个学校的倒腾，终于上小学了，虽然还不明白什么叫"孝顺"，但是老师说的都能照猫画虎。爸爸一说累，她就送上小拳头，一顿乱捶，然后让我给她讲《史记》里头的故事。好像从这里开始，在对她的教育上我才真正感觉英雄有了用武之地。想到从前，每次收到那些精装硬皮书，她表现得比我还兴奋，捧在手里舍不得撒手，要我承诺，等她长大后，一定要把书借给她看，我答应到时都送给她。

　　书稿誊清之际，又有朋友发来四川省安岳县石窟佛像修前补后的照片给我看。修补之前，那些佛像肃穆、庄严、古朴；修补之后，却变成一身"浓装"，被彻头彻尾地"毁容"了。是当地文物部门缺乏修复和保护文物的起码常识，还是国际文保界所倡导的"修旧如旧"在我国没有市场？拿故宫来说，一次次地翻修，总会呈现给世人意想不到的"惊艳"，簇新的宫墙高调地宣扬了国人的"喜新厌旧"。我们总说自己有五千年的文明，但放眼望去，除了高楼大厦之外，大概只有濯濯童山配得上"沧桑"了？希望本书对艺术考古研究的深入探讨可以让更多的人认识昨天、发掘古雅，而不是盲目地保鲜。

练春海

己亥年正月初四于拳足籍

图书在版编目（CIP）数据

重塑往昔：艺术考古的观念与方法 / 练春海著. --
北京：社会科学文献出版社，2019.9（2021.7重印）
（九色鹿）
ISBN 978-7-5201-4941-9

Ⅰ.①重…　Ⅱ.①练…　Ⅲ.①美术考古-研究-中国
Ⅳ.①K879.04

中国版本图书馆CIP数据核字（2019）第102153号

·九色鹿·

重塑往昔：艺术考古的观念与方法

著　　者 / 练春海

出 版 人 / 王利民
责任编辑 / 赵　晨
文稿编辑 / 胡雪儿

出　　版 / 社会科学文献出版社·历史学分社（010）59367256
　　　　　　地址：北京市北三环中路甲29号院华龙大厦　邮编：100029
　　　　　　网址：www.ssap.com.cn
发　　行 / 市场营销中心（010）59367081　59367083
印　　装 / 北京盛通印刷股份有限公司

规　　格 / 开　本：787mm×1092mm 1/16
　　　　　　印　张：16　字　数：192千字
版　　次 / 2019年9月第1版　2021年7月第2次印刷
书　　号 / ISBN 978-7-5201-4941-9
定　　价 / 68.80元

本书如有印装质量问题，请与读者服务中心（010-59367028）联系